Manifest für das
22. Jahrhundert

Moneyfest for future

Die Quadratur des Geldes – 1. Teil

Samirah Kenawi

2021

Bibliografische Information der Deutschen Nationalbibliothek:
Die Deutsche Nationalbibliothek verzeichnet diese Publikation
in der Deutschen Nationalbibliografie; detaillierte bibliografische Daten sind im Internet über dnb.dnb.de abrufbar.

3. überarbeitete Auflage

Herstellung und Verlag: BoD – Books on Demand, Norderstedt

Cover: H. S. Aßmann

ISBN: 9783752610734

Für Lea,

die konsequent
jeden Tag
zukunftsorientiert handelt.

Krisenmanagement

Am Ende dieses Jahres werden wir feststellen, dass 2020 in Deutschland nicht mehr Menschen gestorben sind, als durchschnittlich in jedem anderen Jahr sterben. Die Einen werden das der rigiden Politik der Bundesregierung zuschreiben. Andere werden sich vielleicht fragen, ob wir aus Angst vor dem Tod gesellschaftlichen Selbstmord begangen haben. Dabei hat die Coronakrise vorgeführt, welche radikalen Änderungen in einer Ausnahmesituation durchsetzbar sind. Leider fehlte dem Krisenmanagement jeder Weitblick. Wie stünden wir heute da, wenn politische Akteur*innen mit Zukunftsvision, statt die Wirtschaft mit frischem Geld zu fluten, folgendes Maßnahmenpaket beschlossen hätte?

1. Bankfeiertage ausrufen, d.h. den gesamten Börsenhandel schließen und damit die Kurse einfrieren.
2. Zahlung von Kaltmiete, aber auch die Bedienung der Kredite für Kauf von Boden und Immobilien aussetzen. Betriebskosten und Instandsetzungsrücklagen dürfen nur in begründeten Notfällen gestundet werden.
3. Vermögenssteuer und Einkommenssteuer für fünfstellige Monatseinkommen deutlich erhöhen, um Lohnerhöhungen in systemrelevanten Berufen – auch in der Landwirtschaft – finanzieren zu können. Das wäre gelebte Solidarität.
4. Selbstversorgung mit Nahrungsmitteln durch einheimische Arbeitskräfte sicherstellen.
5. Neuausrichten der Industrie im Zuge des Stilllegens von Produktionsstätten.
6. Pflege und Ausbau der Infrastruktur durch Neuorientierung freiwerdender Industriearbeitskräfte.
7. Fördern regionaler Produktion, um sichere Versorgung ohne lange Transportwege zu gewährleisten.
8. Entwickeln von Konzepten, um die ökologischen Verbesserungen, die die Krise durch drastische Reduktion des Pendel- und Reiseverkehrs gebracht hat, dauerhaft zu bewahren. Dazu müssen Arbeitsorganisation, Wohnen, Transportwesen und Tourismus überdacht werden.
9. Programme zum Aufforsten und Pflegen der Wälder starten, um dadurch langfristigen Klimaschutz zu betreiben und zugleich in der Krise gesunde Arbeitsplätze zu schaffen.
10. Überschaubare Informationssysteme schaffen, um gemeinsame Meinungsbildung durch gemeinsamen Informationsaustausch zwischen allen relevanten Akteur*innen zu ermöglichen.

Wir lieben die Wahrheit,
solange sie uns gleichgültig läßt.

Simone Weil[1]

Technische Hinweise

Endnoten

[1, 2, 3...] Hochgestellte Zahlen verweisen auf Quellenhinweise am Ende des Buches.

Fußnoten

[A, B, C...] Hochgestellte Großbuchstaben verweisen auf Worterklärungen bzw. Ergänzungen zum Text am Fuß der jeweiligen Seite.

Abkürzungen

v.u.Z.   vor unserer Zeit
Jh.   Jahrhundert
d.A.   die Autorin

Textkästen für Eilige!

Der zentrale Inhalt dieses Buches ist in nur zwei Textkästen zusammengefasst. Natürlich bietet dieses Buch weitaus mehr Gedanken und Anregungen, von denen nicht alle richtig sein müssen. Was diese beiden Textkästen betrifft, bin ich mir jedoch sicher, dass sie zum Verständnis der umfassenden destruktiven Dynamik des Kapitalismus beitragen können.

Inhalt

1.   Vorwort

Ich stehe vor einem Problem. Ich möchte die Matrix, in der wir denken und leben umgestalten. Doch unsere Worte sind Teil dieser Matrix. Wie kann ich mit diesen missverständlichen Worten die Missverständnisse nicht nur erklären, sondern auch auflösen? Woher die Worte nehmen, um eine neue Welt zu beschreiben?

Vor allem aber – wie kann ich die hundert Einwände, die es gibt, ausräumen, ohne zu langweilen? In einem Gespräch könnte ich auf individuelle Einwände eingehen, sie entwirren und auflösen. In einem Buch müsste ich alle denkbaren Einwände aller Leser*innen berücksichtigen und entkräften. Das wäre möglich. Aber es entstünde ein sehr mehrgleisiger, sehr komplizierter Text, der – gerade, weil er jede Frage beantworten will – alle verwirrt und ermüdet.

Mehrfach sah ich mich beim Schreiben mit Sachverhalten konfrontiert, die sehr umfangreiche, in die Breite und Tiefe gehende Erklärungen erfordern würden. Ich habe immer wieder auf textgewaltige Erklärungen verzichtet und mich um Kürze und Klarheit bemüht. Denn die Vielzahl möglicher Einwände und die Fülle von Problemen, vor denen wir stehen, lassen Lösungen immer unmöglicher erscheinen. Aus dem unlösbaren Dilemma sehe ich nur einen Ausweg. Ich hoffe, dass die Leser*innen dieses Buches ihre Kreativität einbringen – nicht um die Unmöglichkeit von Veränderung zu beweisen, sondern um theoretische und praktische Schwierigkeiten, die es in Hülle und Fülle gibt, aus dem Weg zu räumen. Ein neuer Gesellschaftsentwurf muss wahrlich gut durchdacht sein. Dazu braucht es viele Köpfe.

Es gibt keine Superheld*innen, die die Welt quasi im Alleingang retten. Wir können das nur gemeinsam tun. Dieses Buch will einen Beitrag dazu leisten. Es sucht nach dem Wesen hinter den Erscheinungen, den unhinterfragten Mechanismen hinter dem Offensichtlichen. Ziel ist es, durch Blick auf das nackte Skelett des Kapitalismus eine Basis für gemeinsames Handeln zu schaffen. Wenn wir nicht gemeinsam untergehen wollen, müssen wir gemeinsam neue Wege gehen. Dazu sollten wir weniger nach Schuldigen und mehr nach Ursachen suchen.

Lassen wir uns nicht länger teilen und beherrschen. Zeigen wir nicht länger mit Fingern aufeinander, sondern suchen nach Strukturen, die unser Handeln bestimmen. Das Sein schafft das Bewusstsein. Das Bewusstsein schafft aber auch das Sein. Marx fasste das sinngemäß in die Worte: Eine Idee wird zur materiellen Gewalt, wenn sie die Massen ergreift. Neue Ideen können neue Strukturen hervorbringen. Neue Strukturen können die Muster auflösen, aus denen heute Täter*innen und Opfer entstehen. Ich weiß nicht, ob uns dies gelingt. Mit diesem Buch möchte ich jedoch meinen Beitrag zu einem möglichen Gelingen leisten. Ich tue dies im Gedenken an die Philosophin Simone Weil, die im Sommer 1933 in einem Artikel schrieb: „In unserer Tätigkeit die Hoffnung, welche eine kritische Prüfung als beinahe grundlos erwiesen hat, dennoch ungeschmälert aufrechterhalten: das ist Mut im wahrsten Sinne des Wortes."[2] Mit anderen Worten: Ich habe keine Hoffnung und genau deshalb habe ich dieses Buch geschrieben.

2. Prolog – SehnSucht nach Meer/Mehr

Giacomo Casanova soll laut Internet sinngemäß gesagt haben: „Willst du Menschen beflügeln ein Boot zu bauen, wecke in ihnen die Sehnsucht nach dem Meer." Ich habe Sehnsucht nach einer Welt, in der wir notwendige und sinnvolle Arbeit auf alle verteilen und deshalb nur noch durchschnittlich 4 Stunden am Tag oder 3-4 Tage in der Woche arbeiten müssen. Ich habe Sehnsucht nach einer Welt, in der die Kapitaleinkommen sinken und die Lohneinkommen steigen, so dass alle in Würde leben und arbeiten können. Ich habe Sehnsucht nach einer Welt, in der wir wieder Zeit haben, die kleinen Dinge im Leben zu genießen: einen entspannten Feierabend im Kreis von Freund*innen oder Familienangehörigen, weil uns Alltagssorgen wie Angst um die Arbeitsstelle, die nächste Mieterhöhung, die zu kleine Rente, die Zusatzkosten bei der Zahnbehandlung etc. fremd geworden sind. Ich habe Sehnsucht nach einer Welt, in der Wörter wie Konsumterror und Wachstumswahn, Klimakatastrophe und Umweltzerstörung in Vergessenheit geraten sind. Ich habe Sehnsucht nach einer Welt, in der wir Menschen nicht zu vermeintlich autarken Egoist*innen erziehen, sondern zu Menschen, die sich ihrer Stärken, aber auch ihrer Schwächen bewusst sind und gelernt haben, sich in ihrer Unterschiedlichkeit zu akzeptieren und zu gegenseitigem Nutzen zu ergänzen. Ich habe Sehnsucht nach einer Welt, in der Menschenrechte für alle gleichermaßen gelten und nicht davon abhängen, welchen Pass die Menschen haben. Ich habe Sehnsucht nach einer Welt, in der das Summen der Bienen und Hummeln wieder öfter zu hören ist. Ich habe Sehnsucht nach Sommer ohne Angst vor Dürre und Winter mit Schnee und Eis. Ich habe Sehnsucht nach einem Alltag voller Gelassenheit und Freude auf den nächsten Tag. Ich habe Sehnsucht nach einer Welt, die unteilbar ist, weil alle Menschen in ihr einen Platz haben, an dem sie in Frieden und Würde leben können, weil in dieser Welt untrennbar Rechte mit Pflichten und Freiheit mit Verantwortung verbunden sind.

Doch reicht es wirklich "Her mit dem schönen Leben!" zu fordern? Vor gut 100 Jahren hatten Millionen Menschen eine Sehnsucht nach sozialer Gerechtigkeit und Chancengleichheit. Viele haben in blindem Vertrauen das Schiff des Marxismus bestiegen, und auf dem Meer der Revolution ihr Leben gegeben. Der Traum erlitt Schiffbruch, weil Ingenieur*innen und Bootsbauer*innen zu ängstlich oder zu unwillig waren, die Baupläne für das Schiff gründlich zu diskutieren. Gescheitert ist das Experiment Sozialismus nicht an der Lust der „Matros*innen" zu fernen Ufern aufzubrechen. Im Gegenteil: Viele „Matros*innen" habe sich in bester Absicht für den Traum geopfert. Rückblickend war ihr Tod umsonst, ihr Kampf um die Macht erfolglos und ihr Ringen mit den Mühen der Ebene vergeblich. 30 Jahre nach dem Untergang der sozialistisch regierten Staaten bzw. des Ostblocks haben viele Opfer des Sozialismus ihre Leiden nicht verwunden, während zugleich von den sozialen Errungenschaften kaum etwas geblieben ist. Das historische Scheitern des Marxismus hat nicht nur Millionen Opfer gefordert, es hat auch viel Idealismus aufgebraucht. Es hat den Glauben zerstört, Menschen könnten soziale Gerechtigkeit und Frieden schaffen. Sehnsucht allein reicht nicht. Ein Aufbruch muss auch gut geplant werden.

Aber lässt sich nach der Erfahrung dieses furchtbaren Scheiterns der Glaube an ein gutes Leben für alle überhaupt wiederbeleben? Ergibt es Sinn, neue unrealistische Luftschlösser in die Wolken zu bauen? Ist es nicht endlich Zeit, der Realität offen ins Antlitz zu sehen? Woher soll das schöne Leben kommen, da unsere Welt immer offensichtlicher am Abgrund dahin taumelt? Wäre es nicht notwendig Maß zu halten und Regeln durchzusetzen? Das klingt wahrlich nicht nach Sehnsucht nach dem Meer, sondern nach Mühe, Arbeit und Bescheidenheit. Also welche Sehnsucht kann ich in Süchtigen wecken? Und süchtig sind wir, die wir in den sogenannten Industriestaaten leben, alle. Wir sind süchtig nach einem bequemen Leben. Längst ist uns klar, dass sich die Welt unseren Lebensstandard nicht leisten kann. Weniger klar ist, dass auch wir selbst uns unseren Lebensstandard nur leisten können, weil wir eben nichts Äquivalentes dafür leisten müssen. 40% des EU-Haushaltes fließt in Agrarsubventionen. Diese Milliarden sind unsere Droge. Sie sorgen zum einen dafür, dass unsere Lebensmittel so billig sind, dass wir in Deutschland etwa die Hälfte davon wegwerfen können. Zum anderen stützen sie unser Glaubensgebäude, dass wir mehr arbeiten als wir konsumieren. Deutschland war lange Zeit Exportweltmeister. Exportüberschüsse entstehen, weil wir der Welt mehr verkaufen als wir von ihr kaufen. In den Büchern der Konzerne sorgt das für gute Profite. Doch die Rechnung ist manipuliert. Da Agrarsubventionen landwirtschaftlichen Betrieben Einkommen unabhängig vom bzw. zusätzlich zum Verkaufserlös aus ihren Produkten verschaffen, können sie Lebensmittel zu Preisen unter den Herstellungskosten auf den Markt zu bringen. Dadurch drücken wir die Weltmarktpreise für Lebensmittel. Sogenannte Agrarstaaten müssen deshalb zu Dumpingpreisen produzieren. Das senkt ihr allgemeines Lohnniveau. In den so erzwungenen Billiglohnländern können wir dann auch Textilien und andere Konsumgüter unterhalb unserer Herstellungskosten einkaufen. Dank unserer Agrarsubventionen kaufen wir auf dem Weltmarkt folglich viele Konsumgüter unter unseren Herstellungskosten ein. Unsere Importausgaben sinken dadurch unter die realen Kosten. Unsere Exporterzeugnisse können wir dagegen zu Preisen, die deutlich über den Herstellungskosten liegen, verkaufen, denn wir exportieren vor allem Hightech und Waffen. Dank Patentrechten und technischem Knowhow können wir unsere Exportwaren mit Preisaufschlägen verkaufen. Ob solche extra Profite gerechtfertigt sind, darüber lässt sich vielleicht streiten. Aber ist es fair Lebensmittel- und Konsumgüterpreise künstlich unter den Marktpreis zu drücken? In einer wirklich freien Marktwirtschaft wäre das unmöglich, denn die müsste ohne Subventionen auskommen. Es zeigt sich, dass Subventionen freie Marktwirtschaft verhindern, uns aber enorm zum Vorteil gereichen, weil sie unsere Handelsbilanz positiv erscheinen lassen. In Preisen ausgedrückt exportieren wir mehr als wir importieren. Infolge der Preismanipulation importieren wir jedoch mehr Arbeitsleistung und Ressourcen als wir exportieren. Wir drücken unsere Importpreise künstlich runter und treiben unsere Exportpreise künstlich hoch.

Vor diesem Hintergrund Sehnsucht nach einem guten Leben wecken, heißt Sehnsucht nach einem bescheidenen Leben wecken. Ich bezweifle, dass ein tiefes Gefühl von Gerechtigkeit der neuen Bescheidenheit Glanz verleihen kann. Nach dem Scheitern des Sozialismus sind Visionen von sozialer Gerechtigkeit, von Frieden unter den Menschen und einem Leben im Einklang mit der Natur offensichtlich nur noch schwer vermittelbar. Gerechtigkeit – was soll das sein?

Versuche, allgemein gültige Kriterien für Gerechtigkeit aufzustellen, sind bisher gescheitert. Ich denke es liegt u.a. daran, dass wir Menschen zu unterschiedlich sind in unseren Anlagen und unserer soziokulturellen Ausgangslage. Infolge dieser Unterschiedlichkeit lassen sich wohl kaum allgemein gültige Prinzipien aufstellen, die alle als gerecht empfinden werden. Weil wir Menschen unterschiedlich sind, können wir uns einer Idee von Gerechtigkeit nur annähern. Für mich gibt es daher nur ein Streben nach Gerechtigkeit. Ziel des Gerechtigkeitsstrebens sollte es sein, Menschen in ihrer Unterschiedlichkeit wahrzunehmen und sie gerade deshalb unterschiedlich zu behandeln, allerdings allein mit dem Ziel, Chancengleichheit zwischen ihnen zu ermöglichen.

Denn gerade die Unterschiedlichkeit von Menschen macht eine Gesellschaft erfolgreich. Je besser wir einander in unserem Anderssein akzeptieren und fördern, desto besser können wir uns ergänzen. Erst unsere Unterschiede bewirken, dass das Ganze mehr als die Summe der Einzelteile ist. Wenn wir in unserer individuellen Befähigung zusammenfinden und zusammenarbeiten, wenn wir alle teilhaben lassen und alle einbeziehen, dann habe ich Hoffnung, dass meine eingangs formulierte Sehnsucht Wirklichkeit werden kann. Dann können wir mit weniger Arbeit glücklicher und entspannter leben. Für diese Sehnsucht will ich ein Schiff entwerfen. Ich will aus den Fehlern früherer Schiffbrüche lernen und den Bauplan offen zur Diskussion stellen. Doch zunächst – eingedenk des Vorwortes – eine kurze Bestandsaufnahme des sehr komplexen Systems aus Ökologie und Ökonomie.

3. Probleme – Gestörte Kreisläufe

3.1. Der Wasserkreislauf – Verbrauch statt Gebrauch

Nahezu unbemerkt vom öffentlichen Bewusstsein sind 150 Städte weltweit dabei, im Boden zu versinken. Tokio soll sich bereits um 4 Meter abgesenkt haben. Venedig, Teheran, Singapur, Ho-Chi-Minh-Stadt, Jarkata... die Liste lässt sich fortsetzen. Ein Grund dafür ist die ungehemmte Nutzung von Grundwasser für den täglichen Bedarf. Grundwasser ist oft seit Jahrmillionen im Boden gespeichert. Wird davon aus dem Untergrund mehr hochgepumpt, als sich durch Versickerung neu bildet, entstehen Hohlräume. Diese Hohlräume verdichten sich nach und nach durch den Druck des oberen Erdreichs. Dadurch geht der Raum, in dem Grundwasser gespeichert werden kann, dauerhaft verloren. Was in tiefen Bodenschichten an Hohlraum verschwindet, wird irgendwann an der Erdoberfläche durch Erdabsenkungen sichtbar. Die hemmungslose Nutzung des Grundwassers bleibt nicht ohne Folgen.

Dass wir heute in wachsendem Maße Grundwasser für unsere alltägliche Wasserversorgung nutzen, hat seine Ursache darin, dass wir Wasser heute nicht mehr wie in den zurückliegenden Jahrmillionen gebrauchen, sondern verbrauchen. Bis zum Beginn der Industrialisierung gab es einen funktionierenden Wasserkreislauf. Wasser verdampfte und bildete Wolken. Diese brachten Regen und Schnee über das Land. Die Niederschläge versorgten den Boden mit Feuchtigkeit. Was die Pflanzen nicht sofort nutzten, versickerte oder sammelte sich in Flüssen und Seen. Sowohl Flüsse als auch Seen waren einmal Trinkwasserreservoire. In den Wasserleitungen der Antike wurde Fluss- bzw. Seewasser in die Städte und auf die Felder gepumpt – nicht wie heute Grundwasser. Ein Teil des Schnees verblieb als saisonaler Wasserspeicher auf den Berggipfeln. Die Berggipfel konnten in Mittelgebirgslagen dank ihrer Vegetation und in Hochgebirgslagen dank der Kälte den Schnee mehr oder weniger lange speichern. Diese verschneiten Berggipfel speisten die Flüsse in den meisten Regionen das ganze Jahr über mit Wasser.

Wasser ist auf der Erde nicht knapp. Wir leben auf einem wasserreichen Planeten. Der Menschheit ist es seit Entfesselung des Kapitalismus jedoch gelungen, Trinkwasser zu einem knappen Gut zu machen. Durch globale Verschmutzung der Flüsse und Seen haben wir viele Süßwasserreservoire als Trinkwasserquellen zerstört. Der Kapitalismus schafft Überfluss an Sinnlosem und Mangel an Notwendigem. Beim Wasser zeigt sich das exemplarisch. Mehr oder weniger sinnhafte bis sinnlose Produkte vermüllen am Ende ihrer oft gezielt kurzen Nutzungsdauer sichtbar oder unsichtbar unser Wasser. Nicht nur Tümpel, Teiche, Seen, Bäche und Flüsse, auch die Meere haben wir in Mülldeponien verwandelt. Längst ist uns klar, was das Hauptproblem ist: sichtbarer Müll aller Art sowie Munitionsreste, Mikro- und Nanoplastik, chemische und pharmazeutische Schadstoffe aus Industrie, Medikamentenproduktion und Landwirtschaft sowie multiresistente Keime infolge der Verwendung von Antibiotika als Wachstumsförderer in der Tiermast. Unsere Technik ist bisher weit davon entfernt, den von uns produzierten Müll sowie Unrat aller Art aus dem Wasser wieder heraus zu holen.

So wird auf unserem wasserreichen Planeten Mangel an Trinkwasser erzeugt – ja geradezu produziert. Eine immer kleiner werdende Gruppe von Menschen verdient am Verkauf von durch Verknappung zur Ware gewordenem Wasser.

3.2. Der Stoffkreislauf – Schöner Schrott

Aus Erde werden Pflanzen, Tiere fressen Pflanzen, Tiere fressen Tiere. So kennen wir die Nahrungskette, an deren Ende wir uns sehen. Doch die Nahrungskette ist ein Stoffkreislauf. Denn Pflanzen und Tiere sterben irgendwann. Und aus dem, was übrig bleibt, machen Pilze, Würmer, Insekten und Bakterien wieder Erde. Diesen Teil des Stoffkreislaufes haben wir größtenteils ausgeblendet.

Bis Menschen die chemische Industrie schufen, entging nichts und niemand diesem Stoffkreislauf. Zwar gibt es Bestandteile wie Zähne und Knochen, die (zur Freude der Archäologen und Paläontologen) teilweise faszinierend lange brauchen, um endgültig wieder zu Erde zu werden. Doch Reste biologischer Prozesse wurden nur in Ausnahmefällen zu Museumsstücken. Bestenfalls erfreuen sie uns als Kreidefelsen oder Kohleflöze. Doch immer blieben sie Teil des Kreislaufes des Werdens und Vergehens.

In diesem Werden und Vergehen bemühen sich nicht nur Menschen um Vorratshaltung. Hamster, Mäuse, Bienen etc., ja auch Pflanzen legen Nahrungsvorräte an. Letztere speichern Nährstoffe in Zwiebeln, Knollen, Stängeln und in zum Teil erstaunlich großen Samen. Tiere speichern Nahrung in unterirdischen Verstecken, luftigen Bauten oder in beachtlichen Fettschichten. Dank dieser können zum Beispiel Kaiserpinguine mehrere Monate ohne Nahrung in klirrender Kälte aushalten. Vorratshaltung (Sparen) ist zweifelsfrei sinnvoll.

All diese Nahrungsvorräte sind auf Zeit angelegt. Das aufgespeicherte Fett verbraucht sich infolge fehlender Nahrungszufuhr. Aber auch alle anderen Vorräte müssen innerhalb bestimmter Zeiten verbraucht werden, sonst verrotten sie. Zwiebeln, Knollen, Kornvorräte, Bienenhonig etc. lassen sich nicht ewig dem Stoffkreislauf entziehen. Die Haltbarkeitsdauer ist begrenzt. Infolgedessen werden unverbrauchte Vorräte irgendwann wieder zu Erde, zu Rohstoff für neues Leben. Vorratshaltung bzw. Sparen haben in ihrem Ursprung einen Sinn und ein Ziel. Meist gilt es den Winter zu überstehen. Für uns Menschen sind weitere Ziele hinzugekommen. Unsere Vorratshaltung dient nicht nur dazu, über den nächsten Winter zu kommen. Wir sparen auch, um Mittel für Investitionen zu haben. Das so entstandene Kapital hat im Kapitalismus ganz neue Methoden der Kapitalverwertung hervorgebracht. Doch dazu später mehr.

Betrachten wir die Zerstörung des natürlichen Stoffkreislaufs zunächst vor dem Hintergrund der kapitalistischen Verwertungslogik. Wir wollen, dass von uns produzierte Nahrungsmittel möglichst lange halten. Durch genetische Manipulation und Konservierungsstoffe verrotten sie immer langsamer. Inzwischen sind wir Menschen selbst zwar nicht unsterblich, aber schwer verrottbar geworden. Unsere toten Leiber lagern wie Mumien in der Erde. Wenn wir so weiter machen, müssen wir uns fragen: Woher soll in tausend Jahren die Erde kommen, aus der neues Leben sprießen kann?

Doch es ist nicht nur unser Bestreben, das Verrotten der Nahrungsmittel aufzuhalten, welches den Stoffkreislauf zerstört. Umgekehrt beschränken wir die Lebensdauer von Industrieprodukten künstlich. Geplante „Sollbruchstellen" sollen die Gebrauchsfähigkeit von Gütern beenden, die aus unvergänglichem Material gebaut sind. Für diese gezielte faktische Selbstzerstörung gibt es längst einen Begriff: geplante Obsoleszenz. Der Sinn besteht darin, eine ununterbrochene Produktion neuer Güter in Gang zu halten. Warenproduktion erhält Arbeitsplätze. Das sichert nicht nur Lohnzahlungen, sondern auch Profit. Ziel ist die Produktion von Waren, die im Laden möglichst lange haltbar sind, nach dem Verkauf aber möglichst schnell ersetzt werden müssen.

Die Logik ist die gleiche: Nahrungsmittel sollen vor ihrem Verbrauch möglichst lange lagerbar sein. Das ermöglicht auch extrem lange Transportwege. Faktisch endlos lagerbare Industrieprodukte sollen nach dem Verkauf möglichst schnell verbraucht – d. h. unbrauchbar – sein. Das ermöglicht es, immer neue Industriegüter zu verkaufen. Lange Lagerbarkeit und kurze Nutzungsdauer führen bei Nahrungs- wie Industriegütern in die gleiche Sackgasse. Chemisch behandelte Lebensmittel verrotten langsamer und nicht schadstofffrei. Industriegüter bilden infolge kurzer Nutzungszeit immer gigantischere Müllberge. Neben den sichtbaren Müllbergen zerstört unsichtbarer „Müll" den Stoffkreislauf. Böden und Gewässer werden durch Dünger, Pestizide, Fungizide und Insektizide vergiftet. Industrie, Energiewirtschaft und Verkehr verschmutzen die Luft. Die Natur wird immer lebloser, weil artenärmer. Wir stehen nicht am Ende einer gedachten Nahrungskette, wir sind Teil eines Stoffkreislaufes. Wenn wir weiter so tun, als gäbe es ein Ende der Nahrungskette, werden wir als Spezies bald am Ende sein. Leben kann es nur geben, solange Kreisläufe existieren. Mit der Zerstörung des Wasser- und des Stoffkreislaufes untergraben wir unsere Lebensgrundlagen. Wollen wir diese erhalten, müssen wir lernen in Kreisläufen zu denken.

3.3. Der Lebenskreislauf – Vertreibung aus dem Paradies

Die Zerstörung der natürlichen Kreisläufe wird im Zuge der Entwicklung der kapitalistischen Produktions- und Verteilungsweise[A] immer offensichtlicher. Der Sündenfall der Menschheit liegt jedoch schon sehr viel weiter zurück. Wenn nachfolgend aus der Bibel zitiert wird, dann dient dies keineswegs einer Beweisführung, sondern lediglich der Illustration einer historischen Entwicklung. Die Paradiesgeschichte hat geradezu etwas Prophetisches. Allerdings ist diese Geschichte erstaunlich missverstanden worden. Dabei ist der Text bestechend klar in seiner Aussage.

Adam ist keineswegs der erste Mensch. So schusselig waren die Autoren der Bibel nicht, dass sie die kurz zuvor erzählte Schöpfungsgeschichte schon vergessen hätten. Menschen gab es bereits, aber *kein Mensch war da, der das Land bebaute.* Adam ist der erste Landwirt. Er wird von Gott aus der *Erde vom Acker* geformt und in den *Garten* Eden gesetzt. Erde und Himmel, Pflanzen und Tiere gab es schon. Nun aber beginnen all *die Sträucher auf dem Felde* und *all das Kraut auf dem Felde* zu wachsen. Der *Garten* Eden ist keine unberührte Natur mehr, sondern bereits gestaltete Umwelt.

Die Paradiesgeschichte illustriert den Übergang von der aneignenden zur produzierenden Wirtschaftsweise. Aus Sammlerinnen und Jägern werden Bäuerinnen und Hirten. Die Paradiesgeschichte ist keine Schöpfungs-, sondern eine Lehrgeschichte. Sie erzählt vom Umbruch durch die Neolithische Revolution, von den Folgen des Sesshaft Werdens. Die Söhne Adams und Evas sind Abel, der Hirte, und Kain, der Ackerbauer. Sie fechten in einem Bruderstreit die Folgen der Landnahme aus. Dann folgt die Zeit der ersten Städtegründung. Alles ist logisch und folgerichtig erzählt. Wer dem Text folgt und nicht vorgegebenen Interpretationen, erfährt in der Paradiesgeschichte nichts über die Erschaffung der Menschen, sondern über die Umbrüche nach Entstehen der Landwirtschaft.

Eva wird in diesem Prozess des Übergangs vom Sammeln zum Anbauen von Pflanzen von einer freien Nomadin zu einer an Landbesitz und Mann geketteten Verbündeten. Mann und Frau werden durch gemeinsame Besitzrechte an Vieh und Acker aneinander gekettet. Adam ist der erste Hirte, der dem Vieh Namen gibt. Diese Namensgebung ist Sinnbild der ursprünglichen Okkupation der zuvor freien Natur. Adam schwingt sich durch Benennung der Geschöpfe zum Herrn über diese Geschöpfe auf.

Eva ist die erste Ackerbäuerin. Während sie in der Erde gräbt, kommt sie mit der Schlange ins Gespräch. Sie – die Bäuerin – begeht den entscheidenden Sün-

---

[A] Distributionsweise

denfall. Dieser besteht keineswegs im Streben nach Erkenntnis. Eva isst vom *Baum der Erkenntnis des Guten und des Bösen.* Sie, die Bäuerin, beginnt die Natur in Nützlinge und Schädlinge zu unterteilen. Sie beginnt den Krieg gegen die Natur. Sie beginnt mit dem Ausrotten sogenannter Unkräuter, dem Vernichten sogenannter Fressfeinde. Sie macht schließlich auch aus Adam einen Bauern. Die Bibel spricht nicht über Adams Taten. Bei den Griechen finden wir eine Illustration. Wer Herakles' Heldengeschichte gegen den Strich liest, kann darin allerlei vom Kampf gegen die wilde Natur lesen. Der Übermensch Herakles wird von niemand geringerem als der Göttin Hera selbst zu seinen Taten angestiftet. Er tötet gewissermaßen einen Überlöwen. Vielleicht war das der letzte Löwe Europas. Wollte er Schafe und Ziegen schützen? Dank unserer Schusswaffen müssen wir heute keine Übermenschen mehr sein, um Bären und Wölfe zu töten. Herakles fängt auch einen Eber und einen Stier und zähmt vier Pferde. Die ersten noch wilden Tiere zu fangen und zu zähmen, war sicher eine große Aufgabe, die durch wiederholtes Erzählen immer sagenumwobener wurde. Das Ausmisten der Augiasställe lässt an die Vernichtung der nordamerikanischen Büffelherden durch Buffalo Bill denken. Vögel erschießen wir heute nicht mehr wie Herakles mit vergifteten Pfeilen, wir töten sie indirekt, indem wir ihre Nahrung durch Insektizide vergiften, denn längst sind den Bäuerinnen und Bauern Chemiker*innen, Gentechniker*innen, Pharmazeut*innen und Ingenieur*innen zu Hilfe gekommen.

Heute führen wir den Krieg gegen die Natur mit Hilfe von Chemie und Genmanipulation. Die Argumente, mit denen wir den Einsatz dieser Mittel legitimieren, sind fragwürdig. Noch immer sehen wir nicht, dass wir diesen Krieg nicht gewinnen können. Die Organismen, denen wir den Kampf angesagt haben, werden durch unsere Angriffe immer stärker und aggressiver. Die Pflanzen und Tiere, die wir züchten, werden dahingegen immer schutzloser und bedürftiger. Die Evolution ist nicht zu Ende, nur weil wir glauben, die Krone der Schöpfung zu sein. Wir brauchen die Natur, die Natur braucht uns nicht!

In der Bibel heißt es auch nicht einfach: Macht euch die Erde untertan! Statt dessen steht geschrieben: *Seid fruchtbar und mehret euch und füllet die Erde und machet sie euch untertan.* Wir haben die Erde seitdem mit Menschen gefüllt. Aber war mit *füllet die Erde* nicht vielleicht mehr gemeint? Schließlich steht dort auch, dass die Menschen über *Fische… Vögel… Vieh und alles Getier, das auf der Erden kriecht,* herrschen sollen. Mit Herrschaft war jedoch sicher nicht die Zerstörung und egoistische Ausbeutung, sondern bestenfalls das verantwortliche Walten und Wachen über die Natur gemeint. Wir sollten nicht nur fruchtbar in den Lenden, sondern auch fruchtbar im Geiste sein und die Erde füllen. Doch nicht nur mit uns selbst. Der Auftrag schloss ausdrücklich alles *Getier* und *Gewürm* – also auch die Insekten, Schnecken, Würmer etc. – mit ein.

Was hindert uns, diesen Krieg zu beenden? Verständlich ist: wir wollen leben. Aber es fällt uns schwer zu teilen. Unsere Arbeit soll maximalen Ertrag bringen. Jedes einzelne unserer Saatkörner soll aufgehen. Kein Halm, keine Pflanze, keine Frucht, in die wir Geld und Arbeit investiert haben, soll uns vorenthalten werden. Warum akzeptieren wir nicht, dass Vögel einen Teil der Saat, später im Jahr aber auch die Raupen und Käfer von den gedeihenden Pflanzen picken? Warum sind wir so maßlos in unserem Anspruch? Warum haben wir verlernt nach Gleichgewichten zu streben? Warum sind wir unfähig in Kreisläufen zu denken? Der Kreislauf aus Werden und Vergehen erscheint uns als Zumutung. Wir wollen den Tod besiegen, ihn abschaffen. Dabei ist die Jagd nach dem ewigen Leben von beeindruckender Kurzsichtigkeit geprägt. Denn bei Lichte betrachtet wollen wir nur unser eigenes Leben ins Unendliche ausdehnen, in dem Glauben, dass sich die Verhältnisse um uns herum nicht ändern. Doch ewig ist nur der Wandel.

3.4. Der Energiekreislauf – Das Heizplattenproblem

Die Sonne ist unsere Energiespenderin, unsere Lebenskraft. Sie macht das Leben auf der Erde möglich. Das Leben wiederum macht den Energiekreislauf auf der Erde sehr komplex.

Auf allen Planeten stellen sich zwischen Energiezufuhr durch Sonneneinstrahlung und Energieverlust durch Wärmeabstrahlung durchschnittliche Temperaturen ein. Folglich ist es auf den sonnennahen Planeten Merkur und Venus deutlich wärmer als auf der Erde und auf den sonnenfernen Planeten entsprechend kälter.

Auf der Erde kommt zu den Faktoren Energiezufuhr durch Sonneneinstrahlung und Energieverlust durch Wärmeabstrahlung an das kalte Weltall ein dritter Faktor hinzu. Auf der Erde gibt es Leben und dieses Leben verbraucht für seine Lebensäußerungen einen Teil der Sonnenenergie. Außerdem speichern Organismen Energiereserven auf als Zucker oder Fett. Einen Teil der aufgenommenen Energie wandeln Lebewesen aber auch selbst in Wärme um. So können Komposthaufen im Innern Temperaturen von mehr als 60 Grad Celsius entwickeln. Waldbrände setzen Jahrzehnte bis Jahrhunderte lang in der Holzsubstanz gespeicherte Sonnenenergie binnen Tagen und Wochen frei. Seit Beginn der Industrialisierung erzeugen auch Menschen immer mehr Wärme auf der Erdoberfläche. Durch Nutzen fossiler Brennstoffe als Heizmaterial wird Sonnenenergie freigesetzt, die Jahrmillionen gebunden war.

Leben beeinflusst den Energiekreislauf eines Planeten also auf schwer zu berechnende Weise. Neben geologischen und solaren Faktoren haben auch biologische Prozesse zur Veränderung des Erdklimas beigetragen. So hat die vor mehr als 3 Mrd. Jahren entstandene Fähigkeit zur Photosynthese die Zusammensetzung der Atmosphäre verändert und dadurch zugleich die Wasserbildung auf der Erde befördert. Denn der durch Photosynthese frei gesetzte Sauerstoff verband sich mit dem freien Wasserstoff der Uratmosphäre zu Wasser. Es dauerte wohl mehr als 2 Mrd. Jahre bis der gesamte freie Wasserstoff der Uratmosphäre in Wasser verwandelt zur Erde gefallen war. Jedenfalls begann erst vor ca. 650 bis 580 Millionen Jahren der Sauerstoffgehalt der Atmosphäre über 1 % anzusteigen. Wahrscheinlich weil kein freier Wasserstoff mehr vorhanden war, der den von den Organismen produzierten Sauerstoff binden konnte.

Vor dem Anstieg des Sauerstoffgehaltes in der Atmosphäre bis auf heutiges Niveau kam es – trotz ständiger Knallgasreaktionen durch Verbindung von Wasserstoff und Sauerstoff – wiederholt zu globalen Eiszeiten. Ob während dieser frühen Eiszeiten jemals der gesamte Globus zugefroren war, wie die Schneeball-Erde-Theorie annimmt, ist umstritten. Unstrittig scheint, dass die Eiszeiten der Frühzeit der Erde wiederholt mehrere Millionen Jahre gedauert haben. Die Ursachen für diese Abkühlungen waren sicher sehr komplex. Zweifelsfrei hatten die ersten Photosynthese betreibenden Einzeller jedoch wesentlichen Anteil daran. Sie haben durch ihre Sauerstoffabgabe in der Atmosphäre Wasser entstehen lassen. Dauerregen bzw. Dauerschneefall haben Verdunstungskälte erzeugt und das Erdklima mit gestaltet. Auch die anschwellenden Meere und die Veränderung der Gashülle werden den Energiekreislauf verändert haben.

Lebewesen haben das Erdklima, ja die Beschaffenheit der Erde maßgeblich mitgestaltet. Erst die zur Photosynthese fähigen Lebewesen haben aus unserer Erde einen blauen Planeten gemacht. Das Leben ist ohne Zweifel im Wasser entstanden, aber die Meere sind erst durch das Leben entstanden. Es ist eine Ironie der Erdgeschichte, dass wir Menschen, die selbsternannte Krone der Schöpfung, diese gewaltigen Wassermassen bis zur Unbrauchbarkeit verschmutzen.

Fakt ist, das Leben hatte und hat wesentlichen Einfluss auf das Erdklima. Für Abkühlen und Erwärmen waren sicher stets mehrere Faktoren verantwortlich. Doch biologische Prozesse (wie die Photosynthese) haben nicht nur den Energiekreislauf des Lebens verändert, sondern auch den Energiekreislauf des Planeten. Zwischen Leben und Klima bestehen sehr komplexe Zusammenhänge. So wie Mikroorganismen das Erdklima in der Frühzeit drastisch mit verändert haben, sind wir Menschen heute dabei das Erdklima zu beeinflussen, indem wir Wälder – die Kühlaggregate der Erdoberfläche – vernichten. Eingedenk des Vorwortes zu diesem Buch wage ich trotz der Komplexität des Themas zwei Thesen.

Mir erscheint die CO_2-Diskussion nicht zielführend. Ich denke wie die *Friday for Future* Aktivist*innen, dass viel geredet und gefeilscht, aber wenig gehandelt wird. Statt heute den Energieverbrauch deutlich zu reduzieren, wird auf Technologieentwicklung gehofft und auf Zertifikatehandel gesetzt. Das erste ist zwar eine Hoffnung auf die Zukunft. Allerdings bedeutet die Hoffnung auf Innovationen im Grunde nur: *nach uns die Sintflut*. Sollen doch spätere Generationen sparen, nicht wir. Das zweite ist typischer kapitalistischer Irrsinn. Statt ein Problem zu lösen, wird ein profitträchtiges Geschäftsmodell für die Börsen entwickelt.

Ich sehe einen konkreten Ansatz, jetzt, hier und heute den stetig steigenden Temperaturen und den häufiger und heftiger werdenden Wetterextremen entgegenzuwirken, in massiver Bepflanzung der Erdoberfläche. Wer im Sommer über einen baumlosen Parkplatz geht, anschließend über eine Wiese und später durch einen Wald, kann am eigenen Leib die Auswirkung von Vegetation auf die Oberflächentemperaturen auf der Erde erleben. Je dicker und dichter die Vegetationsschicht, desto mehr Sonnenenergie nimmt sie auf und wandelt sie um. Vegetation kühlt nicht nur, weil Pflanzen energiereiche Stoffe mittels Sonnenlicht aufbauen und dadurch Sonnenenergie binden. Sie kühlt auch, weil in der Vegetationsschicht Wasser gespeichert und verdunstet wird. Physiker*innen wissen, dass dabei Verdunstungskälte entsteht. Je höher bzw. dicker und dichter die Vegetationsschicht ist, desto größer ist auch ihr Kühleffekt. Fast[B] jedes Blatt vergrößert die Verdunstungs- und damit die Kühlfläche. Deshalb kühlt dichter Regenwald mehr als eine Sojaplantage. Deshalb ist es im Wald frischer als auf der Wiese. Nackte Verkehrsflächen wie Autobahnen und Parkplätze sowie kahle Hauswände wirken dagegen regelrecht wie Heizplatten. Im Übrigen nehme n Pflanzen bekanntermaßen CO_2 aus der Luft auf, vermindern durch ihr Wachstum also den CO_2-Gehalt in der Atmosphäre. Auch das spricht für den Erhalt von Vegetationsflächen und die Wiederaufforstung von Wäldern.

Zweifelsfrei gibt es zahlreiche weitere menschengemachte Faktoren, die das Klima beeinflussen. Doch die großflächige Vernichtung von Vegetation durch Bebauung (sogenannter Flächenverbrauch) hat gravierende Auswirkung auf die Erderwärmung. Um dem entgegenzuwirken, brauchen wir jetzt, hier und heute Gesetze, die den Flächenverbrauch stoppen. Bevor nicht das letzte leerstehende Gebäude, die letzte Industriebrache genutzt ist, sollte kein Quadratmeter Vegetationsfläche mehr bebaut werden. Natürlich erfordert das auch ein neues Verkehrskonzept. Statt Ausbau des Individualverkehrs auf immer breiteren Straßen müsste der öffentliche Nah- und Fernverkehr auf der Schiene bzw. mit Bussen gefördert werden. Außerdem müssten alle Parkplatzbesitzer*innen gesetzlich verpflichtet werden, Bäume zu pflanzen, um die Parkplätze in absehbarer Zeit vollständig zu

---

[B] Biolog*innen wissen natürlich, dass Pflanzen in heißen und trockenen Klimaten (teilweise) die Fähigkeit besitzen, ihre Spaltöffnungen an den Blättern zu schließen und dadurch ihre Verdunstung stark zu reduzieren.

beschatten. Fassaden müssten begrünt und Wälder aufgeforstet werden. Nicht erst in 30 Jahren, sondern heute und morgen. Denn je länger wir warten, desto schwieriger wird es. Wo Grundwasserspeicher vernichtet sind (siehe Kapitel 3.1, Wasserkreislauf), werden Baumwurzeln kein Wasser mehr finden. Die Biosphäre wird zweifelsfrei auch ohne Wälder neue Gleichgewichte entwickeln. Doch während dessen wird der Kreislauf des Lebens heftig ins Stottern geraten. Jeder Husten der Erde wird einen Tsunami auslösen.

Eine möglichst dichte Biosphäre ist der beste Schutz gegen Erderwärmung. Sie kühlt durch Verdunstung, bindet Sonnenenergie in chemischer Form und verringert Temperaturunterschiede und damit das Entstehen von Wetterextremen. Damit Aufforsten langfristig erfolgreich bleibt, müssen der Wasserkreislauf und der Lebenskreislauf regeneriert werden. Notwendige Renaturierungsmaßnahmen würden viele Arbeitsplätze schaffen. Doch vorhandene Konzepte werden nicht umgesetzt, weil sie keinen Profit versprechen, und Profit ist für das Funktionieren der kapitalistischen Wirtschaft und Gesellschaft zwingend erforderlich.

3.5. Der Geldkreislauf – Ökologie versus sozialer Frieden

Das kapitalistische Räderwerk zu beschreiben, ist vergleichsweise schwierig, denn der Geldkreislauf ist kompliziert. Ein Grund dafür ist, dass er nicht nur einen, sondern mindestens zwei Zuflüsse und zwei Abflüsse hat. Das „mindestens" weist auf komplexe Zusammenhänge hin, die ich weiter unten stark vereinfacht darstellen werde. Zunächst zu den zwei allgemeinen Zu- und Abflüssen. Ein Zufluss ist die Geldschöpfung bei Kreditaufnahme. Diesem Zufluss steht die Geldvernichtung durch Kredittilgung gegenüber. Ein zweiter Zufluss entsteht, wenn Spargeld ausgegeben wird. Spargeld wird nicht – wie oft angenommen – von Kreditnehmer*innen wieder in Umlauf gebracht. Es gelangt nur dann wieder in den Kreislauf, wenn Sparer*innen selbst dieses Geld ausgeben. Durch Kreditaufnahme kommt stets nur frisch aus dem Nichts geschöpftes – zusätzliches – Geld in Umlauf. Durch Ausgeben von Spargeld gelangt vorhandenes Geld in den Kreislauf zurück.

Sparen stellt wie Kredittilgung einen Geldabfluss dar. Umgekehrt bilden "Entsparen" und Kreditaufnahme Geldzuflüsse. Da im Abschnitt Stoffkreislauf bereits über Sinn und Unsinn des Sparens nachgedacht wurde, soll hier nur noch einmal daran erinnert werden: Sparen ist weder grundsätzlich gut, noch grundsätzlich schlecht. Es kommt – wie bei allem – auf das rechte Maß an.

Auch auf den durch Bankregeln konstruierten Zusammenhang zwischen Sparen und Kreditaufnahme kann hier nicht eingegangen werden. Fakt ist, dass dem heute vorhandenen Sparvolumen keine ausreichende *realwirtschaftliche* Kreditnachfrage mehr gegenübersteht. Hier flackert ein Problem auf, das nachfolgend skizziert werden soll.

Tatsächlich gibt es zwei konträre Geldkreisläufe und nicht nur einen. Nun lässt sich theoretisch für jeden Menschen ein eigener Geldkreislauf beschreiben. Es ließen sich also ca. 7 Mrd. Geldkreisläufe denken. Doch das macht den Geldkreislauf nicht so kompliziert. Kompliziert wird er, weil es zwei destruktiv verzahnte Kreisläufe mit konträrer Dynamik gibt. Im realwirtschaftlichen Geldkreislauf werden Waren und Dienstleistungen gehandelt, im finanzwirtschaftlichen Vermögenswerte und Wertpapiere. Die völlig entgegengesetzte Wertdynamik in den beiden Geldkreisläufen bewirkt, dass die Finanzwirtschaft permanent Geld aus der Realwirtschaft absaugt.

In der Realwirtschaft geben wir Geld aus, um Gebrauchsgüter zu erwerben. Deren Wert sinkt bzw. verschwindet durch Konsum. Das Brot ist aufgegessen, die Glühbirne geht kaputt. Wir müssen natürlich immer wieder Nahrungsmittel kaufen. Doch auch die Industrie zwingt uns, immer wieder neue Produkte zu erwerben. Zum einen, weil Dinge mehr oder weniger geplant kaputt gehen (gezielte Obsoleszenz), zum anderen, weil uns Werbung suggeriert, dass sie moralisch altern und nicht mehr hipp sind. In der Finanzwirtschaft entwickeln sich die Werte ganz anders. Hier werden Vermögenswerte erworben – in der Erwartung, dass ihr Wert steigt. Das hier ausgegebene Geld verschwindet damit nicht aus meinem privaten Vermögensbestand. Hier ausgegebenes Geld ist kein gegessenes Brot. Vielmehr erhöht sich durch Dividende oder Kursgewinn mein Vermögensbestand – zumindest in Boomzeiten. Börsenboom bedeutet nichts anderes als Inflation an den Wertpapiermärkten. Worüber Konsument*innen in der Realwirtschaft stöhnen – steigende Preise – darüber jubeln die Börsianer*innen. Natürlich spricht niemand an der Börse von Inflation. Hier heißt das Hausse, Bullenmarkt oder eben Boom. Solche Boomzeiten werden als Normalzustand der Börsen angesehen.

Kurz und gut, wenn ich mein Geld für reale Werte ausgebe, bin ich es los. Gebe ich mein Geld hingegen für Finanzprodukte aus, kommt es meist mit Gewinn zu mir zurück. Folglich werde ich mein überschüssiges Geld an die Börse tragen. Überschüssiges Geld ist der Teil meines Einkommens, der mir bleibt, nachdem mein Bedarf an Brot und Butter sowie Haarschnitt und Handy o. ä. – d. h. an realen Waren und Dienstleistungen – gedeckt ist.

Gäbe es keine Börsen, gäbe es viel weniger Anreiz dafür, mehr zu verdienen, als für ein gutes Leben mit Butter und Brot und natürlich Friseur und Theater nötig ist. Weil es jedoch die Möglichkeit gibt, an den Börsen überschüssiges Geld auszugeben und dafür später meist mehr Geld zurückzubekommen, lohnt es sich, mehr Geld einzunehmen, als für den eigenen Lebensunterhalt nötig ist.

Sparen über den eigenen Bedarf hinaus macht also vor allem Sinn, weil es Börsen gibt, an denen aus überschüssigem Geld noch mehr überschüssiges Geld gemacht werden kann. Wer mehr als nötig hat, kann deshalb durch die wundersame Selbstvermehrung von Kapital an den Finanzmärkten ein arbeitsfreies, genussvolles Leben führen.

Weil es möglich ist, Geld außerhalb der Realwirtschaft wertsteigernd auszugeben, ist es attraktiv, Geld aus der Realwirtschaft in die Finanzwirtschaft zu verschieben. Das erzeugt einen dritten Geldabfluss aus der Realwirtschaft. Fassen wir die Geldabflüsse aus der Realwirtschaft zusammen:

Es gibt einen Abfluss durch Kredittilgung. Dieser Geldabfluss ist so sinnvoll wie Geldschöpfung notwendig ist. Allerdings ist nicht jede Geldschöpfung sinnvoll. Daraus entstehende Folgeprobleme werden im Abschnitt „Ökologischer Kollaps – falscher Geldzufluss" beleuchtet.

Ein zweiter Geldabfluss entsteht durch Sparen. Auch dieser Abfluss ist so sinnvoll wie Sparen notwendig ist. Allerdings ist Sparen nur begrenzt notwendig. Spargeld wird gebraucht, um zu investieren. Das Sparvolumen sollte den Investitionsbedarf daher nicht übersteigen. Von diesem Gleichgewichtszustand sind wir in der Realität inzwischen gesamtwirtschaftlich weit entfernt. Zweifelsfrei haben viele Menschen persönlich viel zu wenig Spargeld, während eine Hand voll Hyperreiche gigantische Geldvermögen ihr Eigen nennen. Nur infolge dieser Ungleichverteilung gibt es gesamtwirtschaftlich viel zu viel Spargeld. Die Ungleichverteilung von Geld erzeugt einen dritten Geldabfluss aus der Realwirtschaft. Überschüssiges Geld fließt renditesuchend aus der Real- in die Finanzwirtschaft.

Im Gegensatz zu den ersten beiden Geldabflüssen (Tilgen und Sparen) vermindert der dritte Geldabfluss die insgesamt umlaufende Geldmenge nicht. Denn das Geld verschwindet nur aus der Realwirtschaft. Gleichzeitig treibt dieser Geldfluss das Geldmengenwachstum in der Finanzwirtschaft an. Es entsteht eine destruktive Dynamik aus potenziellem Geldmangel in der Realwirtschaft und exponentiellem Geldmengenwachstum in der Finanzwirtschaft. Stagniert das Geldmengenwachstum an den Finanzmärkten, kommt es zu Verlusten und im Extremfall zum Crash. Denn Börsen funktionieren nur in Boomphasen, weil sie Kettenbriefsysteme sind.

Von den Börsenverlusten sind überwiegend Kleinanleger*innen betroffen. Sie kaufen Wertpapiere oft erst, wenn große Investor*innen vor ihnen durch Kauf und Verkauf bereits Profit gemacht haben. Wie in jedem Kettenbriefsystem beißen die Letzten die Hunde. Allerdings wird durch die Verluste der Kleinanleger*innen teilweise Kaufkraft für die Realwirtschaft vernichtet. Denn Kleinanleger*innen wollten Börsengewinne oft später für ihren Konsum nutzen. Ihre Verluste wiegen daher nicht nur persönlich schwerer, sie sind auch volkswirtschaftlich von Nachteil. Ihnen müsste daher mindestens ihr an den Börsen vernichtetes Arbeitseinkommen ersetzt werden.

Trotz aller immer offensichtlicher werdenden Risiken des Börsenhandels scheint eine Welt ohne Börsen undenkbar. Denn börsenartigen Handel gibt es seit mindestens 600 Jahren. Das wissen wir, weil wir Berichte von Krisen kennen. Eine der ersten Finanzkrisen ereignete sich Ende des 14. Jhs. in Brügge.[3] Da Börsenhandel weit in die Geschichte zurückreicht, erscheint er uns heute nicht nur selbstverständlich, sondern auch notwendig. Wir glauben, wir brauchen Börsen für die Kapitalbeschaffung und für die Risikostreuung. Tatsächlich braucht nicht die Gesellschaft, sondern nur das Bankwesen Börsen zur Kapitalbeschaffung. Aber warum, da Banken doch selbst Geld schöpfen? Die komplexe Absurdität dieses Systems hier darzulegen, würde den Rahmen dieses Buches sprengen. Stark verkürzt lässt sich sagen, Banken beschaffen sich an den Kapitalmärkten ihr verliehenes Geld durch Verkauf von Schuldscheinen zurück. Dank der Börsen müssen die Banken nicht darauf warten, dass Kredite getilgt werden. Ich müsste an dieser Stelle sehr weit ausholen, um zu erklären, wie ein System entstehen konnte, in dem Banken bei Kreditvergabe Geld und Schuldscheine aus dem Nichts schaffen und sich das so geschöpfte / verliehene Geld durch Verkauf der Schuldscheine an den Börsen zurückholen. Genauer wird dieses Thema im 3. Teil dieser Tetralogie der Quadratur des Geldes behandelt.[4] Gerade weil Börsenhandel schon seit Jahrhunderten existiert und von komplexer Absurdität ist, wird er nicht hinterfragt. Deshalb konnte sich selbst nach der letzten Finanzkrise der Glaube halten, Börsen dienten der Risikostreuung. Tatsächlich können Versicherungen Risiken weit besser abfangen als Börsen. Auch wenn es lange her ist, es hat eine Welt ohne Finanzmärkte gegeben! Bleibt zu hoffen, dass es eine solche Welt eines Tages wieder geben wird. Nur dann wird es uns gelingen soziale und ökologische Probleme gemeinsam zu lösen.

Ich habe versucht, die verschlungenen Wege des Kreditgeldes in dem You-Tube-Video „Der kapitalistische Geldkreislauf" transparent zu machen. Wer 18 Minuten Zeit hat, kann darin der Entwicklung des heutigen Geldflusses folgen. In diesem gestörten Kreislauf sehe ich eine zentrale Ursache für die vorab skizzierten anderen Kreislaufstörungen. Um all diese Kreisläufe wieder in Fluss zu bringen, müssen die Störungen im Geldkreislauf behoben werden. Deshalb sollen einige Störquellen etwas genauer betrachtet werden.

4.   Ursachen – Kapitalistischer Wahnsinn

4.1.   Sozialer Kollaps – privater Geldabfluss

Die Erdgeschichte kennt eine Reihe von Katastrophen. Klimatische Veränderungen haben wiederholt zu Massenaussterben geführt. Die heutigen Konflikte scheinen zumindest teilweise menschengemacht. Häufiger werdende Wetterextreme haben ihre Ursache unter anderem in zunehmenden Temperaturunterschieden auf der Erdoberfläche infolge Verlusts von Vegetationsflächen. Vegetationsflächen müssen vielfach dem Profitstreben weichen. Kapitalistischer Verwertungsdruck zwingt nahezu alles in die Vermarktung. Doch es entsteht kein wirklicher Warenkreislauf. Stattdessen werden Rohstoffe und Ressourcen oft nach nur einem Durchlauf als Müll ausgespien.

Kapitalistischer Verwertungsdruck erzeugt auch zunehmende soziale Spannungen. Eine Ursache ist wachsende Ungleichverteilung von Arbeit und Geld. Während Arbeitslose durch Unterforderung Selbstwertgefühl und Vertrauen in die eigenen Fähigkeiten verlieren können, verliert ein Teil der Beschäftigten durch wachsenden Leistungsdruck das körperliche und seelische Gleichgewicht. Unter- und Überforderung können auf je eigene Weise krank machen. Zudem geht der Zusammenhang zwischen Leistung und Einkommen mehr und mehr verloren. In zentralen Bereichen der Realwirtschaft wie Landwirtschaft, Sozialwesen und Dienstleistungssektor werden bereits teilweise Löhne gezahlt, die nicht mehr für ein selbstbestimmtes Leben reichen. Gleichzeitig übersteigen Spitzeneinkommen in Millionenhöhe nicht nur als Jahres-, sondern in Einzelfällen als Tageseinkommen jede menschliche Vorstellung von "Verdienst".

Sozialer Frieden und Ökologie geraten durch den kapitalistischen Verwertungsdruck immer stärker in Konflikt. Erhalten wir, um des sozialen Friedens willen, Arbeitsplätze, treten Umweltschützer*innen auf den Plan. Oft völlig zu Recht. Denn Auto- und Flugzeugbau, die Rüstungsindustrie oder Teile der Bauwirtschaft und der Chemie- und Pharmaindustrie verursachen direkt oder indirekt enorme Umweltschäden. Werden jedoch Produktionsstandorte geschlossen, oder Bauprojekte vereitelt, gibt es Arbeitskämpfe. Ebenfalls zu Recht, denn Arbeitslosigkeit kann Menschen nicht nur die ökonomische Existenzgrundlage, sondern auch Würde und Selbstvertrauen rauben. In jedem Fall raubt sie uns Menschen die Selbstbestimmung.

Nachdem im vorigen Kapitel die Komplexität des gesamten Geldkreislaufes schlaglichtartig beleuchtet wurde, sollen die monetären Ursachen der sozialen Verwerfung etwas genauer betrachtet werden. Stellen wir uns vor, wir Menschen leben an einem See, der uns mit Wasser versorgt. Eines Tages stellen wir fest, dass der Wasserspiegel im See sinkt. Wir bauen große Pumpen, um Grundwasser in den See zu pumpen. Erstaunlicherweise bleibt der Wasserstand im See immer annähernd gleich niedrig, obwohl wir im Laufe der Zeit immer mehr und immer größere Pumpen in Betrieb nehmen. Die Pumpen laufen spürbar heiß. Genauso erstaunlich ist, dass keine*r auf die Idee kommt, nach den Ursachen des Wasserverlustes zu suchen. Machen wir uns schließlich auf die Suche, finden wir ein ganzes System von Leitungen, durch die Seewasser in private Becken abfließt. Diese privaten Becken können irgendwie unbegrenzt Wasser fassen. Sie wachsen mit dem hereinströmenden Wasser.

Es zeigt sich, dass die Pumpen, die den See mit Wasser versorgen sollen, zwar Unmengen Wasser in den See pumpen, letztlich aber nur die privaten Becken ins Unermessliche anschwellen lassen. Das Wasser, das wir in den See pumpen, fließt nur durch diesen hindurch. Der See ist Sinnbild der Realwirtschaft; all dessen, was wir wirklich zum Leben brauchen. Das Wasser ist Sinnbild für das Geld, das wir zum Warenaustausch für unsere Bedürfnisbefriedigung benötigen. Die Pumpwerke stehen für die Europäische Zentralbank (EZB), die immer mehr Geld in die Märkte pumpt. Die Abflüsse sind all das Geld, das nicht mehr für Waren und Dienstleistungen ausgegeben wird, sondern für Finanzprodukte. Die privaten Becken sind die wachsenden Privatvermögen. Infolge des stetigen Geldabflusses aus der Real- in die Finanzwirtschaft wird das Geld für Lohnzahlungen immer knapper. Doch das ist keine Folge von Geldmangel, sondern von schlechter Geldverteilung, ja von Geldüberfluss.

Hohe Gewinne an den Finanzmärkten wirken wie ein Staubsauger. Sie locken Geld aus der Real- in die Finanzwirtschaft. Dadurch werden Lohngelder knapp und Kapitaleinkommen steigen. Denn das Geld, das aus der Realwirtschaft abfließt und so die Löhne drückt, treibt in der Finanzwirtschaft zugleich die Preise und damit die Renditen. Diese Renditen setzen die Realwirtschaft doppelt unter Druck. Denn Profit gilt als die Triebkraft des Kapitalismus. Solange in der Finanzwirtschaft Renditen möglich sind, werden sie auch in der Realwirtschaft erwartet. Konkret heißt das, in der Realwirtschaft zirkuliert nur Geld, wenn es Profit abwirft. Doch woher soll dieser Profit kommen? Profit machen heißt doch, dass ich mehr einnehme, als ich ausgebe. Dazu reicht es nicht, nur mein eigenes Geld zurück zu bekommen – ich muss auch Geld aus anderen Geldquellen einnehmen. Doch aus der Realwirtschaft fließt unentwegt Geld in die Finanzwirtschaft ab. Ohne Geldzufluss kann in der Realwirtschaft kein Profit entstehen. Der See würde austrocknen – nicht nur weil Geld in die Finanzwirtschaft abfließt, sondern weil viele Unternehmen wegen fehlender Profiterwartung ihr Unternehmen schließen würden. Es muss daher unentwegt Wasser in den See und Geld in die Realwirtschaft gepumpt werden. Da ein Teil davon, wie beschrieben, unentwegt in die

Finanzwirtschaft abfließt, darf der Geldzufluss nie versiegen. Genau dieser Geld-zufluss vermehrt aber auch die Börsengewinne und damit die Staubsaugerwirkung der Finanzwirtschaft. Ein fataler Teufelskreislauf. Anders ausgedrückt: Damit die Löhne in der Realwirtschaft nicht sinken, müssen die Reichen immer reicher wer-den! Sinnvoll ist das ganz offensichtlich nicht. In den folgenden Kapiteln wird Profit deshalb genauer hinterfragt. Vorab noch ein Blick auf eine andere Krisen-ursache.

4.2. Ökologischer Kollaps – falscher Geldzufluss

Eine Ursache für wachsende ökologische Probleme ist der bereits erwähnte ka-pitalistische Verwertungsdruck. Ursachen hierfür sehe ich jedoch nicht allein im Profitstreben, sondern auch in einer falschen Geldschöpfung. Ich betone ausdrü-cklich, ich sehe das Problem nicht in der Geldschöpfung an sich, sondern allein in den heutigen Regeln der Geldschöpfung.

Geld kann viele Funktionen haben. Geld wird auch sehr unterschiedlich defi-niert. Um als Geld anerkannt zu werden, muss es in jedem Fall als Tauschmittel für Waren funktionieren. Je besser es diese Funktion erfüllt, je mehr Waren ich mit einer Währung kaufen kann, umso begehrter ist diese Währung. Ostdeutsche und Osteuropäer*innen, die den Sozialismus noch miterlebt haben, werden sich erinnern. Der Wert ihrer Währungen ergab sich nicht daraus, dass beispielsweise in der DDR oft 30 bis 80 Ostmark ausreichten, die monatliche Miete zu zahlen. Der Wert osteuropäischer Währungen war gering, weil viele Waren mit diesem Geld gar nicht gekauft werden konnten. Der Wert von Geld, der Wert einer Wäh-rung hängt vor allem davon ab, international als Tauschmittel für Waren aner-kannt zu sein.

Obwohl Geld in jedem Fall Tauschmittel für Waren und Dienstleistungen sein muss, wird es nur zu einem sehr geringen Teil für den Warenumsatz geschöpft. Vor gut 100 Jahren sah der Bankier Friedrich Bendixen in der Geldschöpfung für Waren die Ursache für den Parallelismus zwischen Geld und Ware.[5] Gemeint war damit, dass auf vorhandene Warenlager Kredite aufgenommen und so Geld im Wert dieser Waren (abzüglich Profit) geschaffen wurde. Allerdings fragte sich schon Bendixen, was geschehen würde, wenn diese Geldschöpfung versiegte. Er ging dieser Frage jedoch nicht nach, weil sie ihn, wie er schrieb, auf „ganz uner-forschtes Gebiet"[6] führen würde.

Heute ließe sich ein solcher Parallelismus am einfachsten durch Kreditgeld-schöpfung für den Einzelhandel realisieren. Der Einzelhandel ist die Schnittstelle zwischen Geld und Ware. Hier erscheinen die Waren auf dem Markt und sollten durch eine entsprechende Geldschöpfung mit Kaufkraft versehen werden. Das geschöpfte Geld würde durch Bezahlung aller Einkaufs- und Vertriebskosten, einschließlich der eigenen Konsumausgaben, in den Kreislauf wandern. Im Einzelhandel verschwinden die Waren durch Verkauf zugleich vom Markt. Wird das eingenommene Geld durch Kredittilgung wieder vernichtet, bleiben Geld- und Warenwertmenge im Gleichgewicht. Hier sind nur die Grundzüge eines warengedeckten Geldsystems angerissen. Um das System praxistauglich zu machen, ist ein deutlich komplexeres Regelwerk notwendig, das im 4. Band dieser Tetralogie entwickelt wird.

Tatsächlich findet eine warengedeckte Geldschöpfung kaum statt. Warum?! Weil wir Geld insgeheim mit Gold assoziieren. Geld soll unvergänglich sein. Es für so etwas Vergängliches wie Ware aus dem Nichts zu schaffen, scheint völlig absurd und verlangt nach einer sehr langen Erklärung. Denn wir alle sind mit Märchen aufgewachsen, in denen mit Gold gefüllte Schatzkammern Reichtum bedeuten. Nur wenige Geschichten hinterfragen den Wert des Goldes. Am bekanntesten ist wohl die Geschichte von König Midas. Er wäre verhungert, wenn er seinen Wunsch nicht hätte zurücknehmen können, dass alles, was er berührt, Gold wird. Es gibt auch die Geschichte von den drei Königstöchtern, die vom König gefragt werden, wie sehr sie ihn liebten. Die beiden älteren Töchter nennen Gold, Perlen und Edelsteine als Sinnbilder ihrer Vaterliebe. Die Jüngste vergleicht ihre Liebe mit dem Salz. Als ihr Vater sie aufgrund dieser vermeintlichen Lieblosigkeit verstößt, verschwindet mit ihr auch alles Salz aus dem Land. Am Ende ist klar: auf Gold und Edelsteine könnte der König verzichten, nicht aber auf Salz.

Was hat unser Glaube an den Wert des Goldes mit unseren monetären und ökologischen Problemen zu tun? Zwar ist viel zu wenig bekannt, dass der Abbau von Gold zu extremer Umweltvergiftung durch Zyankali und Quecksilber führt. Doch die ökologischen Probleme sind nicht die Ursache der monetären Probleme, sondern umgekehrt!

Gold ist für uns noch immer Sinnbild für unvergängliches Geld. D. h. auch – wir denken uns Geld noch immer als etwas Unvergängliches. Darum lagern – lange nach dem erklärten Ende des Goldstandardsystems – noch immer Goldbarren in den Tresoren der Zentralbanken. Deshalb steigen die Goldpreise so hoch, dass sich extrem Umwelt zerstörender Goldabbau lohnt. Weil wir unser Geld noch immer gern durch Gold gedeckt wissen wollen, haben wir massive ökologische Probleme. Der Goldabbau selbst ist dabei nur ein Aspekt – zweifellos ein sehr giftiger. Für den Geldkreislauf folgenschwerer ist, dass Banken Geld lieber für unvergängliche oder doch langlebige Werte schöpfen wollen als für vergängliche Waren. Wenn Geld schon nicht durch Gold gedeckt ist, dann wenigstens durch Boden, Immobilien, Maschinen und Anlagen. Dieser Logik folgend richtet sich die Bereitschaft der Banken Kredite zu vergeben wie auch die Höhe der Kreditzinsen nach der Art der Sicherheiten. Wer Land oder Immobilien kaufen oder Investitionen tätigen will, bekommt *vergleichsweise* leicht und billig Kredit. Wer seinen Warenumsatz vorfinanzieren will (und nur diese Waren als Sicherheit bieten kann), muss *vergleichsweise* mehr Zinsen zahlen. Deshalb basiert die Geldversorgung der Realwirtschaft vor allem auf Investitionskrediten. Das bedeutet, für den Warenhandel benötigtes Geld entsteht zum großen Teil nicht direkt für den Warenhandel, sondern indirekt für Investitionen. Deshalb gibt es für Maschinen billigeres Geld als für Marmelade.

Das Geld für Marmeladenbrötchen könnte jeden Tag mit diesen entstehen und verschwinden, um am nächsten Tag neu zu entstehen und zu verschwinden. Bei diesem Gedanken sträubt sich alles in uns, aufgrund unseres tradierten Geldverständnisses. Tatsächlich entsteht deshalb Geld für den Bau einer Bäckerei. Dieses Geld kann bis zur Tilgung des Kredites Jahre später dem Verkauf der Brötchen dienen. Nach Tilgung des Bäckereibaukredites wäre aber auch kein Geld mehr für den Brötchenhandel da. Deshalb muss eine neue Bäckerei gebaut werden. Diese neue Bäckerei muss tatsächlich vor allem gebaut werden, um Geld für den Brötchenhandel in Umlauf zu bringen. Auf den Punkt gebracht, bauen wir Häuser und Fabriken nicht, weil wir Geld haben, sondern weil wir Geld brauchen. Aus dieser auf dem Kopf stehenden Logik erwächst ökologische Zerstörung. Vegetationsflächen werden vernichtet, Sand wird knapp, die Zementherstellung verbraucht Unmengen Energie – und am Ende stehen Millionen Quadratmeter leer. Ein wachsender Teil der Bauvorhaben ist real sinnlos und dient allein dem Inganghalten des Geldflusses in der Realwirtschaft.

Tatsächlich basiert die Geldversorgung der Realwirtschaft überwiegend auf Investitionskrediten. Wir müssen Häuser, Flughäfen, Flugzeuge, Autobahnen und dergleichen bauen, um Geld für den Warenhandel zu schaffen. Da diese Kredite irgendwann getilgt werden, müssen sie durch neue ersetzt werden. Wieder muss gebaut werden, um Geld für den Warenumsatz zu schaffen. Historisch gewachsene, jedoch unsinnige Geldschöpfungsregeln erzeugen so ökologische Probleme.

Vor diesem Hintergrund scheint es nachdenkenswert, ein System zu entwickeln, in dem Geld direkt für den Handel mit Brötchen geschöpft werden kann. Ein solches System, so fremd es uns im Moment auch erscheinen mag, ist nicht nur überlegenswert, es ist dringend nötig. Es ist überlebenswichtig. Ohne ein solches Geldsystem können wir die ökologischen Probleme nicht lösen. Der vom kapitalistischen Geldsystem verursachte Investitionszwang hat in den letzten 200 Jahren fantastische Technik hervorgebracht. Die immer komplexer werdenden technischen Systeme drohen jedoch zusammenzubrechen, wenn wir unsere sinnlose Ressourcenverschwendung nicht beenden. Es ist daher höchste Zeit für einen Systemwechsel.

4.3. Eigenkapital – Ein ökonomisches Mysterium

Ein Systemwechsel erfordert neue Kreditgesetze. Um Regeln sinnvoll ändern zu können, sollte der Sinn des bestehenden Regelwerkes bekannt sein. Entscheidend für eine Kreditvergabe sind vorhandene Sicherheiten. Zwar können Kleinkredite heute teilweise ohne Sicherheiten aufgenommen werden, doch werden dafür meist hohe Zinsen fällig. Kreditsicherheiten – im weitesten Sinn das vorhandene Eigenkapital – haben entscheidenden Einfluss auf die Kreditbedingungen. Dazu gehört die Höhe der Zinsen. Eigenkapital kann Geld- und Sachvermögen sein. Das Eigenkapital dient den Banken im Insolvenzfall zum Wiederbeschaffen ihres verliehenen Geldes. Denn bei Zahlungsausfall verkaufen sie das ihnen verpfändete Eigenkapital. Das klingt alles sehr sinnvoll. Trotzdem will ich versuchen, das scheinbar bewährte Ideengebäude zum Einsturz zu bringen. Ich bezweifle, dass es sinnvoll ist, Kreditvergabe davon abhängig zu machen, ob bereits Vermögen vorhanden ist.

Kreditvergabe ist Geldschöpfung. Die dient der Wirtschaft, wenn dadurch Geld im Umfang der Warenlager für den Warentausch geschaffen wird. Wenn Geldschöpfung an Vermögenswerte statt an vorhandene Warenlager gekoppelt wird, bewirkt das eine völlig falsche Ausrichtung der Wirtschaft. Um diesen Gedanken verständlich zu machen, soll hier kurz die Entstehung unserer heutigen Kreditgesetze skizziert werden.

Schon vor mehr als 500 Jahren begannen Großkaufleute sich selbst Kreditgeld zu schaffen. Möglich wurde das durch den Eigenwechsel. Eigenwechsel waren das Resultat einer langen, verschlungenen Wechselentwicklung. Der Begriff Wechsel ist wohl entstanden, weil auf einem Wechsel Ort, Zeit und Geldbetrag wechselten. Die Geschichte des Wechsels ist lang. Sie reicht mehr als ein halbes Jahrtausend zurück und wird im 2. Teil dieser Tetralogie ausführlich erzählt. An dieser Stelle sei nur erwähnt, dass der ursprüngliche Wechsel es Kaufleuten ersparte, mit großen Münzbeträgen durch Europa zu reisen, als die Straßen noch unsicher waren. Infolge des christlichen Zinsverbotes wurde der Wechsel dann als verschleierter Kreditvertrag genutzt. Daraus entwickelte sich später der Eigenwechsel. Er ermöglichte es Kaufleuten Waren mit einem Zettel zu bezahlen, auf dem sie versprachen, andernorts mit barer Münze zu zahlen. Sie zahlten also mit dem Versprechen später zu zahlen.

Diese Eigenwechsel waren Vorformen des heutigen kapitalistischen Kreditgeldes. Ausgestellt wurden sie mit Verweis auf die Gold- und Silbermünzen in den Truhen der Wechselaussteller. Diese Münzen stellten das Eigenkapital dar, das den Eigenwechseln scheinbar zu 100 Prozent als Deckung diente. Doch ein Kaufmann, der gerade 100 Dukaten in seiner Truhe verwahrte, konnte Eigenwechsel über 1.000 oder mehr Dukaten ausstellen. Jedem einzelnen Kaufmann, dem er einen Eigenwechsel in Zahlung gab, konnte er seine 100 Dukaten vorweisen. Doch ohne auch nur eine einzige Dukate auszuzahlen, konnte er immer neue Wechsel auf den immer gleichen Münzbestand in seiner Truhe ausstellen.

Schon damals wurde also der Kredithebel erfunden. Die Golddeckung dieser ersten papiernen Zahlungsmittel war eine gut gepflegte Fiktion. Im Laufe der Jahrhunderte verschwand nicht nur das feudale (aus freier, d. h. unverschuldeter Münzprägung entstandene) Münzgeld vollständig; es verschwand auch jede offizielle Golddeckung des Geldes.[C]

Im vorigen Abschnitt wurde daran erinnert, wie tief verwurzelt die Idee ist, dass Gold das wahre Geld ist, weil Gold angeblich universellen Wert besitzt. Gegen diesen tiefsitzenden Glauben kommt die Geschichte von König Midas nicht an. Die Forderung nach Eigenkapital als Kreditsicherheit wurde deshalb durch die Abschaffung der Golddeckung des Geldes in keiner Weise erschüttert. Allerdings muss heute Geld nicht mehr durch Geld gedeckt werden. Die Absurdität dieses Systems wurde jedoch nie in Frage gestellt. Es ist aber keineswegs sinnvoll einem Bäcker nur dann zu erlauben Brot zu backen, wenn er unverkaufte Brote im Regal liegen hat. Papierene Geldformen (Wechsel, Banknoten, Papiergeld etc.) wurden in Zeiten der vermeintlichen Golddeckung aber meist nur geschöpft, wenn Goldgeld vorhanden war. (Auf die Hypothekendarlehen wird später eingegangen.) Meist wurde gar nicht gesehen, dass eine Form des Geldes (das Kreditgeld) durch eine andere Form von Geld (Goldmünzen) gedeckt werden sollte. Doch wurde das papierene Geld tatsächlich durch Gold gedeckt?

Zur Beantwortung dieser Frage blicken wir noch einmal auf die Anfänge des Kreditgeldes. Womit bezahlten die Fugger und Welser ihre Wechsel, wenn sie auf 100 echte Dukaten in ihren Truhen Wechsel über 1.000 und mehr Dukaten ausstellten? Sie *kauften* mit ihren Wechseln Waren. Um die Wechsel später einlösen zu können, mussten sie die eingekauften Waren rechtzeitig weiter verkaufen. Mit dem Erlös konnten sie ihre Wechselschulden begleichen. Dabei war ganz gleich, ob sie Münzgeld oder fremde Wechsel für ihre Waren in Zahlung nahmen. Denn schon damals konnten Wechselschulden mit Wechselforderungen verrechnet werden.

[C] Trotz Abschaffung des Goldstandardsystems durch Richard Nixon 1971 ist die Idee vom goldgedeckten Geld bis heute lebendig geblieben. Noch immer verwahren viele Zentralbanken große Goldreserven. Den wenigsten Deutschen ist bekannt, das es bereits seit Beginn des 1. Weltkrieges für Privatpersonen keine Einlösepflicht der Banken mehr gibt: Seit über 100 Jahren muss in Deutschland keine Bank einer Privatperson Geld in Gold einlösen. Natürlich kann eine Bank Gold verkaufen, aber eine Einlösepflicht gibt es seit gut einem Jahrhundert nicht mehr. Eine ausführliche Beschreibung der Entstehung und Funktionsweise des Goldstandardsystem findet sich im 2. Teil dieser Tetralogie.

Die Eigenwechsel der Kaufleute am Ausgang des Mittelalters waren also nur scheinbar durch Gold- und Silbermünzen gedeckt. Faktisch erhielt dieses frühe kapitalistische Kreditgeld seine Deckung durch die *Waren*, die damit gekauft wurden. Denn mit dem Erlös aus dem Verkauf dieser Waren, nicht mit den Gold- und Silbermünzen aus den Truhen wurden die Wechselschulden beglichen. Die Golddeckung des Geldes war von jeher eine Illusion.

Leider ist dieser Tatbestand bis heute nicht in der Theorie angekommen. Zwar gab und gibt es Geldschöpfung für Warenlager. Früher waren das Waren- oder Handelswechsel, heute sind es zum Teil Kontokorrentkredite, doch soll auch diese Geldschöpfung durch Verpfänden von Sachvermögen wie Boden oder Immobilien abgesichert werden. Der Grund dafür wurde bereits benannt. Banken wollen sich im Insolvenzfall durch Verkauf der Kreditsicherheiten ihr Geld zurückholen. Aus diesem Sicherheitsdenken entsteht diese fatale Fehlsteuerung der Wirtschaft.

Zum einen werden Banken nicht gezwungen für den Erfolg des kreditfinanzierten Unternehmens Mitverantwortung zu tragen. Eine solche Mitverantwortung, beginnend bei der Kreditvergabe und endend erst bei vollständiger Kredittilgung, wäre der beste Schutz gegen Kreditausfälle. Warum? Kreditregeln, die Kreditvergaben allein von der Geschäftsidee und dem Businessplan sowie von Leistungswillen und Leistungsfähigkeit der Kreditsuchenden abhängig machen, würden Banken zwingen, sich für das Funktionieren der Realwirtschaft zu interessieren, ja zu engagieren. Denn eine Kredittilgung durch Verkauf von Kreditsicherheiten (wie heutzutage) wäre dann nicht möglich.

Zum anderen werden die Kreditnehmenden durch die Kreditregeln motiviert, Geld aus dem Unternehmen zu ziehen. Zunächst nur, um den Kredit zu tilgen und damit ihr verpfändetes Eigentum zu entschulden. Ist der Kredit schließlich getilgt, kann der Teil der Einnahmen, der bisher für Zins und Tilgung an die Bank gezahlt wurde, als Eigenkapital aus dem Unternehmen gezogen werden. Diese Einnahmen, die anfangs für die Kredittilgung sinnvoll und notwendig waren, ermöglichen jetzt eine private Vermögensbildung. Nach der ersten mühsam gesparten Million beginnt das Vermögen erst langsam, dann immer schneller exponentiell zu wachsen. Diese Eigenkapitalbildung wird durch die Kreditgesetze mindestens provoziert, wenn nicht erzwungen. Aus dem Eigenkapital entsteht aber jene fatale Dynamik, die weiter unten im Kapitel 4.5 skizziert wird.

Natürlich wird es immer vereinzelte Kreditausfälle geben. Deshalb erheben Banken ja Zinsen, in denen eine Risikoprämie enthalten ist. Aus diesen Prämien bilden sie Rücklagen. Kommt es trotz Kontrolle der Banken zu einer Insolvenz, können offene Restschulden aus der Risikorücklage getilgt werden. Das wären sinnvolle Kreditregeln.

Doch es wurde bereits erklärt, dass die Realwirtschaft immer neue und immer größere Kredite braucht, damit der Geldfluss nicht versiegt. Das zwingt die Banken Kredite zu vergeben. Deshalb suchen sie immerzu neue Kreditnehmer*innen. Längst ist klar, dass die aus Sicht der Banken notwendige Kreditnachfrage einen sinnvollen realwirtschaftlichen Kreditbedarf übersteigt. Aus diesem Grund werden nicht nur ökologische oder soziale, sondern auch betriebswirtschaftliche Vorbehalte oft monetären Zwängen untergeordnet. Der Zwang zur Kreditvergabe bewirkt, dass Banken grundsätzlich mit einem Kreditausfall rechnen. Das ist nur einer der Gründe, warum die schwindende Golddeckung mehr und mehr durch Sachvermögen ersetzt wurde. Doch den kreativen Köpfen fehlen heute vielfach ausreichende Vermögenswerte, um in den Augen der Banken kreditwürdig zu erscheinen. Infolgedessen setzen sich auf dem Markt meist die kapitalkräftigen Unternehmen durch. Gute Ideen bleiben dabei zum Teil auf der Strecke oder verschaffen oft jenen große Profite, die fremde Ideen aufkaufen können. So nutzt das Patentrecht nur selten den innovativen Köpfen, sondern mehrt meist nur den Reichtum der Kapitalkräftigen. Nur wo geistiges und materielles Vermögen zufällig zusammentreffen, profitieren die Kreativen.

Kreative Köpfe ohne Eigenkapital sind hingegen gezwungen, Kredite aufzunehmen. Das ermöglicht es Banken oder privaten Kapitaleigentümer*innen, sobald sich ein kommerzieller Erfolg abzeichnet, das Unternehmen zu kaufen. Exemplarisch hierfür steht die Geschichte der Bionade. Nach langer zäher Entwicklungsarbeit und mühsamem Markteinstieg musste das Unternehmen seine Innovation schließlich verkaufen.[7] Eigenkapitalforderungen schaffen eine Art gläserne Decke. Rein theoretisch stehen uns in einer Demokratie alle Wege offen. Praktisch bleibt der Geldadel dank der Eigenkapitalforderungen der Banken unter sich. Weil vorhandenes Eigenkapital eine Verstärkung der Ungleichverteilung von Vermögen befördert, verhindert es freie Marktwirtschaft. Da es immer die kapitalstärkeren Unternehmen bevorteilt, befördert es deren Wachstum und damit die Entwicklung von Monopolen.

Eigenkapital be- bzw. verhindert nicht nur freie Marktwirtschaft, es erzwingt auch Verschuldung. Denn was ist monetäres Eigenkapital (Geldvermögen) in einem Kreditgeldsystem? Das Geld, das ein Unternehmen als Eigenkapital investiert, kann in einem Kreditgeldsystem nur aus Schulden herrühren. Während das Eigenkapital der Fugger noch aus freier Münzprägung – also unverschuldeter Geldschöpfung – entsprang, gibt es heute keine freie Münzprägung mehr.

Eigenkapital ist heute immer nur eine (noch) nicht getilgte Schuld. Ein Unternehmen hat somit zwei Möglichkeiten. Es kann eigenes Geldvermögen investieren. Dieses Geldvermögen setzt dabei zwingend fremde Schulden voraus. Denn Geldguthaben existieren nur, sofern auch entsprechende Schulden existieren. Das Unternehmen kann aber auch eigenes Sachvermögen als Kreditsicherheit verpfänden. Dann basiert das investierte Geld auf eigenen Schulden. In jedem Fall ist Eigenkapital Resultat einer entsprechenden Verschuldung. Eingedenk dieses Zusammenhangs sollten die nach der Finanzkrise 2007/08 aufgekommenen Forderungen nach Erhöhung des Eigenkapitals bei Banken und Unternehmen überdacht, ja verworfen werden. Denn das Erhöhen des Eigenkapitals erzwingt ein Erhöhen der Verschuldung.

Unsere heutigen Kreditregeln sind historisch gewachsen. Banken setzen auf vorhandenes Vermögen statt auf vorhandene Waren bzw. zu schaffende Werte. Dieses falsche Sicherheitsdenken trägt mit dazu bei, die im Kapitel 3 beschriebenen Kreisläufe zu stören. Da unser Überleben auf diesem Planeten vom Funktionieren dieser Kreisläufe abhängt, erzeugt das Sicherheitsdenken der Banken eine Dynamik wachsender Unsicherheit. Um diese Dynamik zu überwinden, müssen wir die Vorteile des Eigenkapitals aufheben. Dazu müssen die Kreditregeln geändert werden. Kreditvergabe darf nicht von vorhandenen Vermögenswerten abhängig sein, sondern allein von Leistungsfähigkeit und Leistungswillen der Kreditsuchenden sowie von der zu erwartenden Nachfrage nach ihren Leistungen. Kurz und gut: Kreditvergabe darf nur von künftig zu erwartender Produktion und Nachfrage, nicht von in der Vergangenheit akkumuliertem Vermögen abhängig sein.

Um solche neuen Kreditregeln durchsetzen zu können, müssen wir wirklich begreifen, dass nur der Wandel ewig ist. Nicht unvergängliches Gold sichert uns die Zukunft, sondern das Inganghalten des Kreislaufes aus Säen, Ernten, Kochen und Backen, Verdauen, Düngen und erneutem Säen. Es ist aber der ungebrochene Glaube an das Gold, der Bankkaufleute Kreditsuchende nach Vermögenswerten fragen lässt. Wir müssen aus dieser Denkweise austreten. Nicht nur, um dem ökologischen Kollaps zu entgehen, sondern auch, um vom Monopolkapitalismus zu einer sich selbst regulierenden und sich selbst begrenzenden Marktwirtschaft zu gelangen.

4.4. Profitgier – menschlich oder nur kapitalistisch?

Eine Kernidee des Kapitalismus ist, dass sich wirtschaftliche Aktivitäten nur lohnen, wenn sie Profit einbringen. Diese Kernidee erscheint uns nach 200 bis 500 Jahren Kapitalismus völlig unstrittig. (Vor ca. 200 Jahren begann die Industrialisierung, vor ca. 500 Jahren der Frühkapitalismus.)

Ethnologische Berichte von archaischen, bzw. indigenen Völkern lehren uns jedoch, dass Profitgier kein angeborener menschlicher Trieb ist. Auch im Feudalismus herrschte noch eine andere ökonomische Grundidee. Damals diente wirtschaftliches Handeln primär der Bedürfnisbefriedigung. Diese Mentalität beinhaltete ein anderes Verhältnis zum Geld. Ausgegebenes Geld war gegessenes Brot. Rückblicke können bewusst machen, dass Strukturen und Ideen, die uns heute selbstverständlich erscheinen, nicht immer existierten. Sie sind im Laufe der Geschichte entstanden und können daher im weiteren Verlauf verändert werden.

Profitgier gedeiht unter bestimmten ökonomischen Bedingungen – besonders gut unter kapitalistischen. Ändern wir diese Bedingungen, wird die Profitgier genauso allmählich verschwinden wie im Zuge der Industrialisierung der Gottesglaube durch Glauben an die Wissenschaften zurück gedrängt wurde. Dort wo Wissenschaft in den Dienst des Profitstrebens getreten ist, beginnt sie ihre heiligen Prinzipien zu verraten. Forschungsergebnisse werden manipuliert, Messdaten gefälscht, Ideen vermarktet statt diskutiert. Wissenschaft hat fantastische Technologien hervorgebracht. Aber Wissenschaftler*innen haben auf der Jagd nach Forschungsgeldern oder persönlichem Erfolg auch Unwahrheit und Unsinn in die Welt gesetzt. Damit hat sich die Wissenschaft zu Recht unglaubwürdig gemacht und sich selbst Kapitalinteressen untergeordnet.

Betrachten wir die Jagd nach Profit als spezifischen Aspekt kapitalistischer Ökonomie etwas genauer. Ich möchte versuchen zu zeigen, wie Profitgier entsteht und was sie befördert. Unter **Profit** verstehe ich im Weiteren nicht zwingend Unternehmensgewinne, sondern *jede* Einnahme, die zu Eigenkapital wird – egal woher das Geld kommt. Außer Unternehmensgewinnen können Sparzinsen (die es heute kaum noch gibt) Profitquelle sein. Aber auch arbeitslose Einkommen wie Miete, Pacht, Rendite können zu Eigenkapital werden. Auch Anteile von Spitzengehältern können Monat für Monat das Eigenkapital vergrößern. All diese Einnahmen: Zinsen, Miete, Pacht, Rendite, Gehalt… können jedoch auch zur Bedürfnisbefriedigung oder Kredittilgung verwendet werden. Was Profit ist, entscheidet infolgedessen nicht die Herkunft des Geldes, sondern allein seine Verwendung, siehe Kapitel 6.4. Profitgier ist für mich ein Streben nach arbeitslosem Einkommen, das in einen Teufelskreis gerät. Sie hat meiner Ansicht nach viele Wurzeln. Die scheinbare Selbstvermehrung von Geld (an den Finanzmärkten) ist erst möglich, wenn ein gewisser Kapitalstock vorhanden ist. Dieses Startkapital musste oft durch harte Arbeit und Konsumverzicht erworben werden. Vor dem Hintergrund dieser entbehrungsreichen Zeit erscheint es gerecht, nun das Geld für sich arbeiten zu lassen. Das umso mehr, als die Arbeitsbedingungen durch steigenden Leistungsdruck und sinkende Löhne immer unsozialer werden. Wer wäre da nicht froh, dank sauer verdientem oder glücklich ererbtem Geld aus der Arbeitswelt aussteigen zu können. Dieser Ausstieg ist aber nur möglich, wenn das Eigenkapital eine Rendite abwirft, die zum Leben reicht. Bei geringem Eigenkapital führt das zu einem Spagat. Denn es wirft nur eine geringe Rendite ab. Je weniger Rendite ich heute verkonsumiere und dafür in die Kapitalvermehrung reinvestiere, desto schlechter lebe ich heute, in der Hoffnung morgen besser leben zu können. Doch noch wachsen mit der Rendite auch meine Konsumwünsche.

Also stehe ich immer wieder vor dem Dilemma, heute Konsumverzicht üben zu müssen, um morgen auch ohne Arbeit (mehr) konsumieren zu können. Verständlich, dass der Wunsch aufkommt, das Kapital möge schneller wachsen, die Rendite möge höher sein. Die Jagd nach Profit wird zu einem Hamsterrad. In diesem Hamsterrad geht schließlich jeder Bezug zur Realität verloren. Irgendwann interessieren nur noch die Zahlen auf dem Konto, völlig losgelöst von Konsumwünschen, die längst alle erfüllt sind.

Dreh- und Angelpunkt des Entstehens von Profitgier sind für mich neben schlechten Arbeitsbedingungen, sinkendem Lohnniveau und schwindendem Leistungsprinzip daher zwei Punkte:

Die <u>Notwendigkeit</u> Eigenkapital zu akkumulieren, um im Bedarfsfall kreditwürdig, bzw. unabhängig von Fremdkapital zu sein.

Die <u>Möglichkeit</u> aus akkumuliertem Kapital arbeitsloses Einkommen zu generieren.

Erst beides zusammen, der Zwang zur Kapitalbildung und die sich in der Folge daraus ergebenden Möglichkeiten erzeugen die destruktive kapitalistische Dynamik. Die Notwendigkeit Kapital zu akkumulieren kann Kreativität und Sparsamkeit fördern. Beides kann die Wirtschaft beflügeln. Fehlendes Kapital kann wirtschaftliche Aktivitäten aber auch be- oder gar verhindern. Folgenschwer ist, dass die Notwendigkeit zur Kapitalbildung wirtschaftliches Handeln fehl steuert.

Die Notwendigkeit Eigenkapital zu bilden, zwingt Unternehmen nicht einfach kostendeckend zu arbeiten, sondern Überschüsse zu erwirtschaften. In einem jungen Unternehmen werden diese Überschüsse meist reinvestiert, fließen also in die Realwirtschaft zurück. Sinkt der Investitionsbedarf schließlich, werden die Preise nicht gesenkt, sondern Überschüsse privatisiert. Unternehmer*innen betrachten das als vollkommen gerechtfertigt. Schließlich haben sie die Jahre zuvor oft mehr als hart gearbeitet, um das Unternehmen in die schwarzen Zahlen zu bringen. Durch diesen Kampf wissen sie, wie wichtig Eigenkapital ist. Jetzt, da sie es für das eigene Unternehmen nicht mehr brauchen, fließt es ihnen fast von selbst zu. Nun erst entsteht aus zwei Strukturelementen des Kapitalismus eine destruktive Dynamik. Die Idee, dass Eigenkapital wichtig ist, hat sich folgerichtig (auf Grund eigener Erfahrung) in den Köpfen festgesetzt. Die Möglichkeit – ohne ein eigenes Unternehmen leiten zu müssen – an den Finanzmärkten aus Geld mehr Geld machen zu können, bietet eine fantastische Verwendungsmöglichkeit für dieses Geld, obwohl kein direkter eigener Bedarf mehr besteht. Warum soll das hart erarbeitete Geld nun nicht für sie arbeiten? Wir alle sind in dieses System hineingeboren und halten es für sinnvoll. Warum also das Geld nicht dorthin tragen, wo es sich selbst vermehrt?

Um den Unsinn der Finanzmärkte zu erkennen, müssen wir tief graben. Warum sollten das gerade die tun, die von diesem System profitieren? Sie haben am wenigsten Interesse daran, sich bewusst zu machen, dass ihr Geld durch Kauf von Wertpapieren nicht in die Realwirtschaft, sondern nur in die Tasche eines anderen Renditejägers wandert. Sie glauben zu investieren. Schließlich heißt der Börsenhandel doch Investmentbanking.

Welchen Sinn ergibt es, Unternehmer*innen Profitgier vorzuwerfen? Sie haben die Gesellschaft durch ihr Unternehmen bereichert und bereichern sich zum Ende ihres Lebens an ihr. Klingt gerecht und ausgewogen. Den Fehler in dieser geistigen Matrix zu finden, fällt schwer. Ich kann nur die Dynamik darstellen und den Groschen einwerfen. Ob er fällt, liegt nicht in meiner Macht.

1. Phase: Das Unternehmen braucht Geld. (Eigenkapital für Direktinvestitionen oder als Kreditsicherheit)

2. Phase: Das Unternehmen verdient Geld. (Kredittilgung und später Eigen kapitalakkumulation bzw. -aufstockung)

3. Phase: Der Geldüberschuss (Profit/Eigenkapital) wandert aus der Real- in die Finanzwirtschaft und vermehrt sich dort.

Geschafft! Aus Geld ist Kapital geworden. Die Jagd nach Profit war erfolgreich und hat ein *Tischlein deck dich* erschaffen. Denn Kapitaleigentümer*innen, deren Kapitalrendite höher ist als ihr Konsumbedarf, können sich alles kaufen, ohne dass ihr Vermögen – ihr Kapitalstock – schrumpft.

Ist es sinnvoll, Menschen, die dieses System durchschauen und zu ihrem Vorteil nutzen, gierig zu nennen? Sind sie nicht einfach nur clever? Natürlich kann die Jagd nach Geld süchtig machen. Mehr Geld bietet mehr Möglichkeiten an Märkten zu agieren. Doch diese Sucht ist nicht angeboren. Sie erwächst aus der Systemlogik.[D] Sie zu bekämpfen erfordert keine moralischen oder juristischen Verurteilungen, sondern eine grundsätzlich andere Systemlogik. Den Kasinokapitalismus vom Kopf auf die Füße zu stellen, ist indessen dringend notwendig, weil die Jagd nach Profit der Realwirtschaft das Wasser abgräbt.

Werfen wir dazu noch einmal einen Blick auf die 2. Phase. Das Unternehmen verdient nicht nur Geld, um den Kredit zu tilgen, es will – ja es muss auch Eigenkapital akkumulieren. Denn vielleicht braucht es wieder einen Kredit. Dazu muss es ständig mehr einnehmen als ausgeben. Profit zu machen, ist unter diesen Kreditgesetzen für ein Unternehmen lebensnotwendig.

[D] Ausführlicher dazu im 4. Band dieser Tetralogie

Weil kapitalistische Unternehmen nur arbeiten und also investieren, wenn sie Profit bzw. Rendite erwarten können, muss die Wirtschaft auch Profit ermöglichen. Vor diesem Hintergrund werden CETA und TTIP verständlich. Diese Abkommen verpflichten Staaten dazu, Konzernen geplante Renditen zu zahlen, wenn der Markt diese nicht hergibt. Ohne Profiterwartung keine Unternehmenstätigkeit und folglich keine Arbeitsplätze! CETA und TTIP sind im Kern also nichts Neues. Nicht zufällig entwickelte sich mit dem Kapitalismus auch die Volkswirtschaftslehre. Die unterschiedlichen Schulen liefern Regierungen unterschiedliche Argumente und Strategien für ihre Wirtschafts- und Finanzpolitik. Ziel ist dabei immer, Rahmenbedingungen zu schaffen, die Unternehmen Profit sichern. Das fällt den Staaten offensichtlich immer schwerer. Wenn keine gesamtgesellschaftlichen Rahmenbedingungen mehr herstellbar sind, die Profit ermöglichen, dann muss er eben direkt per Gesetz zugesichert werden. Das sollen CETA und TTIP leisten. So gesehen, entlarven diese Gesetze nur, dass die profitgetriebene kapitalistische Wirtschaft an ihre Grenzen stößt. Es ist höchste Zeit aus der Profitlogik auszutreten, wenn wir den Kollaps des Systems vermeiden wollen.

Wir brauchen eine neue Systemlogik, in der die Wirtschaft allein der Bedürfnisbefriedigung dient – nicht privater Geldakkumulation. Sparen soll lediglich den Investitionsbedarf decken. Die Kriterien der Kreditvergabe müssen geändert werden. Eigenkapital darf nicht Voraussetzung für das Gelingen eines Startups sein. Das Umsetzen einer guten Unternehmensidee darf nicht an Kapitalmangel scheitern. Wenn allein menschliches und nicht materielles Vermögen über die Kreditwürdigkeit entscheidet, verschwindet die Notwendigkeit Eigenkapital zu akkumulieren. Wenn Eigenkapital keinen Marktvorteil mehr bringt, entfällt ein elementarer Grund für die Profitakkumulation. Denn Eigenkapital ist aufgespeicherter Profit. Dann könnte es gelingen die Profitlogik zu überwinden. Gelingt uns dies nicht, wird der Profit uns überwinden. Der Ausverkauf läuft bereits.

4.5. Die Welt kauft bei Amazon – Amazon kauft die Welt

Götz Werner – Gründer der dm-Drogeriemärkte und heutiger Milliardär – wird nicht müde, das Recht auf unbeschränkten Profit als Lebensnerv für unternehmerische Aktivitäten zu verteidigen. Aber kann ein Mensch Milliarden tatsächlich *verdienen*? Inzwischen ist ein Mann auf dem Weg Billionär zu werden. Das Privatvermögen des Gründers von Amazon soll inzwischen mehr als eine halbe Billion betragen und täglich kommen Millionen hinzu.

Diesem Privatvermögen stehen keine realen Bedürfnisse mehr gegenüber. Dieses Geld ist dem Kreislauf des Warenhandels als Kaufkraft entzogen. Der Grundstock dieses Vermögens ist aber entstanden, weil ein Bruchteil jedes Kaufpreises, den Amazonkund*innen bezahlen, in die Taschen des Gründers floss und fließt. Bevor das Geld auf Bezos' Konto fließt, haben es all die Leute, die bei Amazon einkaufen, verdienen müssen. Sie bezahlen mit Teilen ihrer Lohneinkommen. Von diesen Einkommensanteilen bleibt ein Teil in den Taschen von Bezos hängen. Was er nicht wieder so ausgibt, dass es in den Warenkreislauf zurückfließt, fehlt im nächsten Monat für Lohnzahlungen. Bezos kann sein gigantisches Einkommen – selbst, wenn er wollte –, nicht mehr für Waren und Dienstleistungen ausgeben. Er kauft stattdessen Wertpapiere und andere Vermögenswerte – vielleicht Ackerland in fremden Erdteilen oder Schürfrechte für Bodenschätze oder Grundwasserreservoire oder Häuser, Straßen, Versorgungsnetze... Infolgedessen fließt längst nicht nur Geld der Amazonkund*innen auf Bezos' Konto. Bezos zieht aus immer mehr Geschäften, die rund um den Globus abgewickelt werden, eine kleine Gebühr ein.

Lasst uns einmal in Gedanken (oder wer will mit ein paar Freund*innen) *Taler, Taler du musst wandern* spielen. Wir nehmen zwanzig 5 Cent-Münzen. Das macht 1 €. Diesen Euro geben wir im Kreis herum. Eine*r im Kreis spielt Jeff Bezos und behält bei jedem Umlauf eine 5 Cent-Münze und legt sie beiseite. Es reicht Grundschulmathematik, um zu erkennen, dass nach 20 Umläufen kein Geld mehr im Kreislauf ist.

Wer glaubt, Bezos Geld liegt als Spareinlage auf der Bank und gelangt durch Kreditaufnahme anderer zurück in den Kreislauf, irrt. Durch Kreditaufnahme entsteht neues Geld. Wenn wir uns verschulden, können wir neues Geld schaffen, um unseren Kreislauf mit frischem Geld zu füllen. Dann kann Bezos weiter Runde für Runde einen Obolus einziehen und seinem Vermögen hinzufügen.

Während immer größere Getreidesilos oder immer größere Kartoffelmieten irgendwann die Frage aufwerfen, ob der Schwund durch Mäuse und andere Lebewesen nicht inzwischen größer ist als der Zuwachs durch Lagerausweitung, wirft Geld solche Fragen nicht auf. Die einzige Frage, die irgendwann entsteht ist, wozu der wachsende Geldberg gut ist. Was soll Bezos damit, wenn er schon alles hat? Spätestens jetzt wird aus Profitstreben Profitgier. Bezos kann Vermögenswerte kaufen und dadurch aus einem immer größeren Teil der Weltwirtschaft eine Rendite herausziehen.

Der durch Bezos mitverursachte Geldmangel in der Realwirtschaft zwingt Staaten ständig Geld in die Realwirtschaft zu pumpen, um Deflation zu vermeiden. Ab einem gewissen Punkt sind die Staaten so hoch verschuldet, dass die Banken ihnen ihre Kreditbedingungen diktieren können. Kreditaufnahme ist dann nur noch möglich, wenn Staaten ihre Wirtschafts- und Finanzpolitik dem Bedarf der Banken anpassen. So wurde den Staaten die Sparpolitik vom Internationalen Währungsfonds (IWF) aufgezwungen. Aufgezwungene Sparpolitik oder selbst verordnete Schuldenbremse hindern Staaten sich durch Kreditaufnahme Geld zu verschaffen. Infolgedessen können sie die Realwirtschaft nicht mehr selbst mit frischem Geld versorgen. Dann müssen sie sich Geld von Bezos beschaffen. Was können sie ihm bieten? Mietshäuser, Ackerland, Rohstoff-quellen, Grundwasserreservoire, Autobahnen, Versorgungsnetze wie Strom und Wasser – unser Volksvermögen!

Geldmangel in der Realwirtschaft wie in der Staatskasse erzwingen einen Ausverkauf des Volksvermögens, wenn andere Geldhähne geschlossen werden. Für einen Multimilliardär wie Bezos ist genau das von Interesse. Für ihn ergibt es keinen Sinn immer mehr virtuelles Vermögen in Form von Geld oder Wertpapieren aufzuhäufen, weil sich diese Werte in der nächsten Finanzkrise in Luft auflösen können. Gelingt es ihm jedoch, seine virtuellen Vermögenswerte in reale Eigentumsrechte zu verwandeln, sichert er sich damit nicht nur bleibenden Werte, sondern zugleich neue Profitquellen. Je mehr er kauft, desto mehr Geldquellen sprudeln für ihn. Ein wachsender Geldfluss ergießt sich aus der Real- in die Finanzwirtschaft. Infolgedessen sinken in einer (alternden) Volkswirtschaft zwangsweise die Lohneinkommen, während die Kapitaleinkommen ins Unermessliche steigen.

Mehr noch – weil sich Geld in der Finanzwirtschaft auch ohne Bezug zur Warenproduktion vermehrt, wächst Bezos Vermögen schneller als die Realwirtschaft. Infolgedessen kann Bezos uns den Boden unter unseren Füßen weg kaufen. Wenn wir dieser entkoppelten Selbstvermehrung des Geldes an den Finanzmärkten keinen Einhalt gebieten, kann Bezos die Welt kaufen.

Bezos steht hier natürlich nur stellvertretend für die Oberschicht der Multimilliardäre. Ihn trifft keine persönliche Schuld an der entfesselten Profitgier. Sein Vermögen ist nur Sinnbild für die Möglichkeiten, die sich aus der Selbstvermehrung des Kapitals ergeben. Vor diesem Hintergrund erscheint Deutschlands schwarze Null sowie die den europäischen Staaten aufgezwungene Sparpolitik der Europäischen Zentralbank (EZB) in anderem Licht. So gesehen ist es *fast* zu begrüßen, dass die Zentralbanken trotz Spardiktat Monat für Monat Milliarden „in die Märkte" pumpen. Tatsächlich pumpen sie es jedoch nicht in die Märkte, sondern in die Geschäftsbanken. Die nutzen das Zentralbankgeld weniger für die Finanzierung der Realwirtschaft als mehr für die Abwicklung ihrer Spekulationsgeschäfte an den Börsen. Das Geld der EZB fließt also (auch) an die Finanzmärkte und damit u.a. auch in Bezos Taschen.

4.6. Schuldenkrise – Staaten als Prügelknaben

Warum werden die Vermögen von der Politik so geschützt? Warum werden Vermögenssteuern kontinuierlich gesenkt? Warum wird jede Diskussion über die Ungleichverteilung von Reichtum als Sozialneiddebatte abgewürgt? Zum einen, weil viele gern zu denen gehören möchten, die von Kapital- statt Arbeitseinkommen leben können. Die Geschichten der wenigen, denen dieser Sprung gelungen ist, werden deshalb gern erzählt. Sie halten die Legende am Leben, jede*r könne es schaffen. Dem ist nicht so. Trotzdem ist diese Legende der beste Schutz gegen eine allgemeine Mobilmachung gegen die Ungleichverteilung.

Aber da gibt es noch etwas. Auf dem Weg zum Kapitaleinkommen liegt das harte Schicksal der Unternehmer*innen. Sie wissen, welche handfesten Vorteile Vermögen (Eigenkapital) verschafft. Vermögen ermöglicht Investitionen und erleichtert den Zugang zu Krediten. Mit anderen Worten: Vermögen macht frei und ermöglicht Kreativität. Doch brauchen wir dafür wirklich unendliches Vermögenswachstum? Sollte die Vermögensbildung nicht enden, wenn der reale Investitionsbedarf gedeckt ist?

Das Magische am Vermögen ist, dass es erst mühsam erworben, plötzlich von ganz allein zu wachsen beginnt. Jeder Millionär weiß, die erste Million ist die schwerste. Diese Million muss wirklich erarbeitet werden. Ganz gleich, ob durch legale oder illegale Geschäfte, für die erste Million muss sich jede*r ins Zeug legen, hart arbeiten und sparsam leben.

Ist schließlich mehr Vermögen vorhanden als für den Betrieb des eigenen Unternehmens notwendig ist, kann das Vermögen sein Eigenleben beginnen. Es kündigt seinen Dienst in der Warenwirtschaft und entweicht an die Finanzmärkte. Hier kauft es Wertpapiere und andere Vermögenswerte, die anders als die Waren nicht verkonsumiert werden. Es kauft die Wertpapiere und Vermögenswerte allein mit dem Ziel, sie später teurer zu verkaufen oder Dividende, Pacht oder sonstige Rendite aus ihnen zu ziehen.

Das Geld ist im Schlaraffenland angekommen. Hier herrscht nahezu immer Inflation. Das Geld liebt diese ständige Preistreiberei. Nur sagt hier niemand Inflation. Das klänge schäbig. Hier heißt es Hausse, Boom oder Bullenmarkt. Das klingt nach Kraft und Leistung. Doch das Geld tut hier nichts, was irgendwie von Nutzen ist. Es wandert lediglich aus der Tasche eines Müßiggängers in die Tasche eines anderen. Es gibt sich dabei sehr geschäftig und rauscht mit Lichtgeschwindigkeit durch die Drähte der Börsencomputer. Und fast jedes Mal, wenn es zuhause vorbeikommt, wirft es ein paar neue Nullen ab, deren Wert allein darin besteht, dass eine Zahl vor ihnen steht.

In Wahrheit hat dieses rastlose Rauschen des Geldes nirgendwo irgendetwas in der realen Welt vermehrt oder besser gemacht. Die geheimnisvolle Geldvermehrung erfolgt zum großen Teil durch Geldschöpfung innerhalb des Bankensektors. Über diese Geldschöpfung wird kaum gesprochen. Auch wer inzwischen erkannt hat, dass Banken Geld verleihen, das sie zu diesem Zweck aus dem Nichts schöpfen, hat Mühe zu glauben, dass Banken auch für den Kauf von Wertpapieren stets Geld aus dem Nichts schöpfen. Diese Geldschöpfung wird noch dadurch verschleiert, dass sie von der Zentralbank nicht mehr kontrolliert wird. Der als Finanzierungssektor bezeichnete Innerbankensektor kommt in der volkswirtschaftlichen Gesamtbilanz nicht vor. Dadurch bleibt unsichtbar, dass sich die sogenannte Wertschöpfung in diesem Sektor von der Realwirtschaft abgekoppelt hat. Die Börsen führen nicht nur hinsichtlich ihrer Wachstumsdynamik, sondern auch hinsichtlich ihrer Geldversorgung ein Eigenleben. In diese Märkte fließt der größte Teil des von der EZB in die Märkte gepumpten Geldes. Kurz und gut, die Renditen, die das Geld beim Herumsausen an den Finanzmärkten quasi einsaugt, sind nichts anderes als Schulden, die erst morgen fällig sind. Morgen aber, wenn die fälligen Kredite zurückgezahlt werden, werden sogleich neue, noch größere Kredite aufgenommen, um erneut durch die Drähte zu sausen und Rendite aufzusaugen.

Wenn die Ackermänner dieser Welt (welch euphemistischer Name) zweistellige Renditen versprechen, dann nicht, weil die Weltwirtschaft zweistellige Wachstumsraten aufweist, sondern weil im Bankensektor die Geldmenge infolge unkontrollierter Geldschöpfung zweistellig wächst. Denn um aus Geld mehr Geld zu machen, muss mensch eben nur Geld machen. Die Finanzmärkte sind ein Schneeballsystem. Der Bulle stürmt immer so lange voran, bis eine*r ruft: „Der Kaiser ist ja nackt!" Wollen dann plötzlich alle gleichzeitig ihre Papiere verkaufen, zeigt sich ihr wahrer Wert. Sie sind genau so viel wert, wie andere bereit sind dafür zu zahlen. Wenn niemand kaufen will, sinkt ihr Wert auf Null.

Die Vermögen dieser Welt sind nichts weiter als noch nicht getilgte Schulden. Deshalb finden sich die höchsten Privatvermögen auch in den Ländern mit der höchsten Prokopfverschuldung. Den Geldvermögen der einen müssen Geldschulden anderer gegenüberstehen. Beides ergibt Sinn, solange Vermögen und Schulden einen Bezug zur Realwirtschaft haben. Mit dem Einsetzen der Staatsverschuldung beginnt dieser Bezug jedoch zu schwinden. Es scheint heute schwer vorstellbar, dass sich jeder Staat jederzeit durch Steuern finanzieren könnte. Denn Staatsverschuldung ist selbstverständlich geworden. Doch wenn Staaten Steuern dort erheben, wo überschüssiges Geld vorhanden ist, müssten sie keine Schulden machen. Durch gezielte Vermögenssteuer wäre nicht nur eine komplette Tilgung der Staatsschuld aus dem Stand möglich, sondern auch eine solide Staatsfinanzierung.

Warum werden diese Steuern nicht erhoben? Warum ermöglichen Staaten durch ihre Verschuldung ein unsinniges Vermögenswachstum? Abgesehen von der allgemeinen Unkenntnis über ökonomische Zusammenhänge sehe ich drei Gründe:

- Große Vermögen nehmen Einfluss auf die Gesetzgebung und verhindern dadurch ihre Besteuerung.
- Es besteht der Glaube, jedes Geldvermögen ist (potenzielles) Investitionskapital und muss in jedem Fall erhalten werden.
- Es besteht auch der Glaube, Börsenhandel diene der Finanzierung der Realwirtschaft. (Dieser Punkt wird in den beiden folgenden Kapiteln genauer untersucht werden.)

Tatsächlich zirkuliert an den Börsen eine Geldmenge, über die die Zentralbanken längst die Kontrolle verloren haben. Auch wenn keine mehr genaue Angaben über die Höhe des Geldvolumens an den Finanzmärkten machen kann, herrscht doch Einigkeit darüber, dass diese Geldmenge die Gütermenge um ein Vielfaches übersteigt.

Wir haben eine gigantische Vermögenskrise! Die Größe der Vermögenskrise wird nur durch das Schweigen darüber übertroffen. Geld ist auf der Welt nicht nur extrem schlecht verteilt, es gibt auch viel zu viel davon. Diese Tatsache lässt sich durch das Geschrei über die Schuldenkrise gut verdecken. Zumal die Mehrheit der Menschen selbst zu wenig Geld hat. All diesen muss der Gedanke unglaubwürdig erscheinen, dass global gesehen viel zu viel Geld existiert. Denn in ihrer Brieftasche und in ihrem Umfeld erlebten sie überall Geldmangel. Würde aber plötzlich das gesamte Geld aus der Finanz- in die Realwirtschaft abfließen, bekämen wir eine Hyperinflation. Allein das Geld, das auf der Suche nach realen Werten in den Kauf von Immobilien fließt, treibt für viele die Mieten in unbezahlbare Höhen. Es gibt zu viel Geld auf der Welt und es ist sehr schlecht verteilt. Was tun wir dagegen? Wir sprechen über den Mangel. Wir klagen über die Verschuldung. Wir fordern eine Schuldenbremse. Da die Sparpolitik die Staaten zum Ausverkauf zwingt, ermöglicht sie den Reichen reale Vermögenswerte zu kaufen. Über Verschuldung zu klagen, führt zu keiner Lösung, sondern zur Verschärfung des Problems. Die Schuldenkrise lässt die Vermögen wachsen, weil durch die fortschreitende Privatisierung noch mehr Vermögenswerte in immer weniger Händen konzentriert werden. Der Staat macht sich durch diese Politik zunehmend handlungsunfähig. Ist das Volksvermögen schließlich verkauft, beginnt der endgültige Zerfall des Staates. Es wäre nicht das erste Mal in der Geschichte, dass verarmte Staaten untergehen. Doch Staatsschulden waren auch zu etwas nutze. Zumindest für die, die sie kaufen konnten. Werfen wir einen Blick auf das Rentensystem.

4.7. Staatsschulden – (Einst) Basis des Rentensystems

Das heutige Rentensystem droht (wie vieles andere) zu kollabieren. Dabei wurde es doch vor nicht allzu langer Zeit grundlegend reformiert. Unter Gerhard Schröder wurde das kapitalgestützte Rentensystem gefördert. Neu war dieses System nicht. Im Gegenteil, kapitalgedeckte Renten gab es schon in der Antike. Damals basierte das System noch nicht auf Staatsschulden, sondern auf Landeigentum. Die Idee, den Staat als Schuldner zum Rentenzahler zu machen, wurde wahrscheinlich Mitte des 12. Jhs. in Genua entwickelt. Reiche Kaufmannsbankiers liehen dem Stadtstaat Geld. Sie hatten keinerlei Interesse an einer Schuldentilgung, sondern allein daran, dauerhaft Zinsen zu kassieren, um so auf Staatskosten ein Rentendasein führen zu können. Noch heute heißen Staatsschuldscheine deshalb auch Renten- bzw. Pensionspapiere. Sie wurden auch als mündelsicher bezeichnet. Denn sie dienten dazu, Frauen und Kinder reicher Familien abzusichern. Lange galten ja nicht nur minderjährige Kinder, sondern auch Frauen als unmündig. Das ihnen zustehende Vermögen wurde deshalb vorzugsweise in Staatsschuldscheinen angelegt. Die auf diese Schuldscheine gezahlten Zinsen dienten den Unmündigen als Rente. Verständlich, dass es keinerlei Interesse gab, die Staatsschuld zu tilgen. Sie war notwendige Rentenbasis für die Reichen.

Als Deutschland im Zuge der Währungsreform 1948 seine Staatsschuld durch Vernichten privater Sparguthaben beseitigte, gab es keine Basis für ein kapitalgedecktes Rentensystem. Damals wurde das umlagefinanzierte Rentensystem geschaffen. Ein seltener Fall in der Geschichte. Aus der Not heraus entstand etwas Sinnvolles. Nun scheint dieses System am Ende, denn die Nettoarbeitseinkommen halten mit der Preisentwicklung nicht Schritt. So müssten u.a. wegen steigender Mieten die Renten steigen, die Rentenbeiträge aber zugleich gesenkt werden. Wieder zeigt sich: in der Realwirtschaft ist das Geld knapp.

Die Umstrukturierung im deutschen Rentensystem fand um die Jahrtausendwende statt. Während es zwischen 1948 und 1967 nahezu keine deutsche Staatsschuld gab, begann diese ab 1968 allmählich zu wachsen und ab den 1990er Jahren mehr und mehr zu explodieren. Um die Jahrtausendwende gab es noch gute Zinsen auf Staatsschuldscheine. Also schien es erfolgversprechend, sich auf das alte Rentensystem zu besinnen. Der Staat begann kapitalgestützte Renten zu fördern. Aber war das sinnvoll?

Der Staat bezuschusst seitdem Beiträge für private Rentenversicherungen. Da diese Rentenversicherungen vorzugsweise Staatsschuldscheine kaufen (müssen), bezuschusst der Staat somit den Kauf seiner eigenen Schuldscheine. Auf diese Schuldscheine muss(te) er Zinsen zahlen. Diese Zinserträge werden von den Versicherungen als Teil der Rente ausgezahlt. Der Staat zahlt somit auf Umwegen einen Teil der Renten. Er zahlt Zuschüsse zum Kauf sowie Zinsen für seine Rentenpapiere (sprich Staatsschuldscheine). Steuergelder fließen somit auf dem Umweg über die Finanzwirtschaft in die Realwirtschaft. Ist das Wahnsinn, oder hat das noch Methode?

Fakt ist, der Staat fördert die Finanzwirtschaft, statt sie z.B. durch Vermögenssteuern zu schröpfen. Er versucht damit die Finanzwirtschaft zur Geldquelle der Realwirtschaft zu machen. Direkt oder indirekt sollen Menschen durch diese Werbung für kapitalgedeckte Renten motiviert werden, Geld an den Finanzmärkten anzulegen. Wenn Menschen auf diese Weise für ihre eigene Rente sorgen, fließt tatsächlich Geld aus der Finanz- in die Realwirtschaft – immer dann, wenn Rentner*innen ihre Kapitaleinkommen verkonsumieren.

Der Abschied vom kapitalgedeckten Rentenmodell basierend auf Staatsanleihen scheint dringend geboten. Seit die Zinsen auf Staatsanleihen gegen Null gehen, klagen die Rentenkassen (Rentenversicherungen). Ihr Geschäftsmodell, das vor Jahrhunderten in Italien entstand und in den 1970er Jahren in Deutschland mit zunehmender Staatsverschuldung wiederbelebt wurde, steht vor dem Aus. Die Stärkung und Ausweitung eines umlagefinanzierten Rentensystems wäre sinnvoll. Aber dazu müsste das Lohnniveau steigen. Das erfordert nicht nur eine radikale Vermögenssteuer, sondern auch den Ausstieg aus der Profitlogik und neue Kreditregeln. Vor allem erfordert es wohl aber eine große Sehnsucht nach dem Meer.

Da Staatsschulden inzwischen kaum noch Zinsen bringen, macht die Schuldenbremse aus Sicht der oberen Zehntausend Sinn. Warum soll sich der Staat verschulden dürfen, wenn er für diese Schulden keine Zinsen mehr zahlen muss?

4.8. Beschränkte Haftung – Unbeschränkter Profit

Sahra Wagenknecht beschreibt in ihrem Buch „Kapitalismus ohne Gier" ein Fundament des Kapitalismus, die GmbH. Gesellschaften mit beschränkter Haftung sind so allgegenwärtig, dass Kritik an dieser Unternehmensform wie Gotteslästerung erscheinen muss. Eine GmbH kennt keine Grenzen, wenn es darum geht, Profit aus dem Unternehmen zu ziehen. Gleichzeitig ist im Insolvenzfall die Haftung auf das im Unternehmen eingelegte Kapital beschränkt. Mit der GmbH ist das Prinzip des Kapitalismus *Schulden deckeln, Profit maximieren* in eine Rechtsform gegossen.

Diese Unternehmensform steht im krassen Widerspruch zu der Legende, Unternehmensprofite wären der notwendige Ausgleich für das Risiko, dass die Unternehmer*innen tragen. Während Unternehmer*innen Milliarden aus ihrem Unternehmen ziehen dürfen, ist ein Rückgriff auf eben dieses Privatvermögen im

Krisenfall nicht statthaft. Das erscheint weder recht noch billig, ist aber geltendes Recht im Kapitalismus. Mit der Idee vom "ehrbaren Kaufmann", der Gewinne machen darf, ja muss, weil er im Krisenfall mit seinem gesamten Privatvermögen haftet, haben kapitalistische Unternehmen nichts gemein. Für sie wurde ein neues Recht geschaffen, das Recht der Haftungsbeschränkung.

Mit dem Ausstieg aus der Profitlogik muss auch die Haftungsbeschränkung neu geregelt werden. Natürlich muss die gesamte Volkswirtschaft für Forschungs- und Entwicklungsprojekte haften, die dem allgemeinen Interesse dienen. Private Unternehmen dürfen hingegen nur so groß sein, dass die Unternehmensleitung tatsächlich auch für das gesamte Unternehmen haften kann.

Wagenknecht hat vier Unternehmensformen vorgeschlagen. Ihre Vorschläge decken meiner Ansicht nach den Bedarf an unterschiedlichen Rechtsformen je nach Größe und Ausrichtung der Unternehmen ab.

Was kaum eine*r weiß, das Grundprinzip des Kapitalismus – Haftungsbeschränkung – gilt nicht nur für GmbHs, sondern auch für Aktiengesellschaften. Zu den ersten gegründeten Aktiengesellschaften gehörten Banken, die sich seitdem Kreditinstitute nennen. Auch und gerade für die Banken gilt die Haftungsbeschränkung. Das erst erlaubte ihnen die Entfaltung ihrer neuen Geschäftstätigkeit. Sie verleihen – wie wir seit der Finanzkrise gelernt haben – Geld, das sie nicht haben. Nach der Geldschöpfung beschaffen sie sich ihr verliehenes Geld durch Verkauf der Schuldscheine auf den Kapitalmärkten bei Bedarf zurück. Für die Banken sind Börsen tatsächlich Geldquellen. Auch hier zeigt sich, wie verschachtelt das in Jahrhunderten im Geheimen gewachsene Geld- und Rechtssystem des Kapitalismus ist. Es ist nicht mit einem Federstrich vom Tisch zu wischen, sondern erfordert ein umfassendes Konzept und gründliche Planung. Besonders notwendig ist beides, wenn das Eigentumsrecht sinnvoll umgestaltet werden soll.

5. Zusammenhänge – Eigentümliches Eigentum

5.1. Besitz und Eigentum – Der feine Unterschied

Manche Zusammenhänge erschließen sich nur durch einen Blick in die Entstehungsgeschichte. Das gilt ganz besonders für das Eigentum. Denn die Entwicklungsgeschichte ist nicht nur den Lebewesen, sondern auch den Ideen, die wir von der Welt haben, wie ein Gencode eingeschrieben. Jede Generation übernimmt Vorstellungen, Ideen, Begriffe und Wertesysteme von ihren Vorfahren. Selten kommt es zu einem großen Ideenumbruch. Wir alle wissen aus der Schule, wie lange die Zertrümmerung des aristotelischen und geozentrischen Weltbildes gedauert hat. Die sichtbaren Beweise, die Galileo jedem, der durch sein Fernrohr zu schauen bereit war, zeigen konnte, überzeugten zu seinen Lebzeiten nur Wenige. Traditionalisten verweigerten den Blick durchs Fernrohr. Ich erlaube mir, zu einem unkonventionellen Blick auf das Eigentum einzuladen. Die Entstehung des Eigentums ist schwieriger zu erkennen als die des Universums. Im Universum können wir mit einem Fernrohr in seine Vergangenheit zurückblicken. Ein Blick in die Geschichte des Eigentums erfordert ein Studium der Rechts- wie der Ökonomiegeschichte. Dazu wurden bereits zahlreiche Bücher geschrieben. Bisher erklären sie bei genauer Betrachtung jedoch immer nur die Entstehung von Besitz. Besitz ist aber nicht dasselbe wie Eigentum.

Der Unterschied ist leicht erklärbar, doch im gewöhnlichen Sprachgebrauch gehen die Begriffe auch mir zuweilen durcheinander. Wenn ich in eine Gaststätte gehe, dann nehme ich einen Stuhl in Besitz. Besitz ist etwas, auf dem ich im direkten oder übertragenen Sinne sitze. Zweifelsfrei befindet sich der Stuhl im Eigentum der Gaststätte. Besitzrechte entstehen durch konkrete bzw. direkte Nutzung. Eigentumsrechte sind dagegen rechtliche Hoheitsansprüche.

Wenn Rousseau schreibt: „Der erste, der ein Stück Land eingezäunt hatte und dreist sagte: ‚Das ist mein' und so einfältige Leute fand, die das glaubten, wurde zum wahren Gründer der bürgerlichen Gesellschaft."[8] hat er Unrecht. Rousseau beschreibt hier zweifelsfrei die Entstehung von Besitz durch Okkupation. Doch die heilige Kuh des Kapitalismus ist nicht der Besitz. Denken wir an die Rechte von Mieter*innen, die nur Besitzer*innen ihrer Wohnungen sind. Die heilige Kuh des Kapitalismus ist das Eigentum. Dessen Entstehung ist nicht so leicht zu erklären, wie die Inbesitznahme von etwas.

Natürlich hat Rousseau Recht, wenn er feststellt, dass durch die Durchsetzung des Grundbesitzes an Boden „viele Verbrechen, Kriege, Morde, Leiden und Schrecken" über das Menschengeschlecht gekommen sind. Allerdings wissen wir inzwischen, dass auch im Tierreich Revierkämpfe zuweilen tödlich enden.

Besitzstreitigkeiten sind kein menschliches Privileg. Sie grundsätzlich friedlich zu lösen, wäre eine Aufgabe, die uns Menschen aus dem Tierreich herausheben würde. Natürlich sind Revierkämpfe nicht gleichzusetzen mit der Verteidigung von Ackerland. Das Entstehen des Ackerbaus hat in der menschlichen Gesellschaft eine neue Gewaltspirale in Gang gesetzt. Dieses Morden hat seinen Niederschlag auch in der Bibel gefunden. Kain – der Bauer – erschlug seinen Bruder Abel – den Hirten. Doch ohne Besitzrechte an Ackerland wäre unsere sesshafte Lebensweise unmöglich und wir würden noch immer als Nomaden durch die Steppen und Wälder ziehen. Das musste selbst Gott einsehen. Zwar zürnte er Kain wegen des Brudermordes, doch zu einem *unsteten und flüchtigen*[9] Leben konnte Gott Kain eben gerade nicht verdammen. Im Gegenteil: Gott sah sich gezwungen, das Recht auf Bodenbesitz zu bestätigen. Kain wurde für die mörderische Verteidigung seines Besitzrechts am Boden nicht bestraft. Gott sprach vielmehr: „*'Nein, sondern wer Kain totschlägt, das soll siebenfältig gerächt werden.' Und der Herr machte ein Zeichen an Kain, daß ihn niemand erschlüge, der ihn fände.*"[40]

So langwierig und blutig es war, Besitzrechte durchzusetzen und zu allgemeiner Akzeptanz zu bringen, so schwierig bleibt die Erklärung abstrakter Eigentumsrechte. Heinsohn und Steiger haben in ihrem Buch „Eigentum, Zins und Geld" versucht nachzuweisen, dass Eigentum die Voraussetzung für die Entstehung von Geld ist. Was heute im Hypothekenkredit Realität ist, war jedoch nicht immer so. Aber Heinsohn und Steiger wollen die Geschichte zwingen, sich ihrer Theorie anzupassen. Dazu schneiden sie etwa 300 Jahre aus der Geschichte heraus.[11] Doch Heinsohn und Steiger gelingt es trotz dieses historischen Gewaltaktes nicht, ihre These zu beweisen, dass erst das Eigentum und dann erst das Geld entstanden ist. Was sie beschreiben, ist nur das Entstehen von Besitz. Zwar handelt es sich schon um Privatbesitz bzw. Besitzeigentum, also um Besitz, der verpfändet werden kann, doch bestenfalls lässt sich dadurch Geldverleih beweisen. Geldverleih setzt aber die Existenz von Geld voraus. Eine Geldschöpfung auf Basis von Landverpfändung kann für die Antike nicht nachgewiesen werden.

Allerdings ist es für das Verständnis der Entstehung von Eigentum durchaus von Interesse, nicht nur den Unterschied zwischen Besitz und Eigentum, sondern auch das Entstehen von Besitzeigentum zu erklären. Kain hätte noch keinen Käufer für sein Ackerland gefunden. Romulus – einer der beiden sagenhaften Gründer Roms – hätte sein Land hingegen verkaufen können.

Nicht der erste Landbesitzer, sondern der erste Landkäufer war der wahre Gründer der bürgerlichen Gesellschaft. Wie es dazu kam, dass Land verkäuflich wurde, das ist die wahre Geschichte des Eigentums.

5.2. Wie entstand das Eigentum? – Eine alte Frage

Ich erlaube mir, hier einen Auszug aus meinem Buch „Falschgeld – Die Herrschaft des Nichts über die Wirklichkeit" überarbeitet und gekürzt einzufügen, um die Entstehung von Eigentum zu rekonstruieren.

Walther Rathenau[12] bezeichnete das Eigentumsrecht als „gewaltige Paradoxie". Er war sich bewusst, dass die Römer das „fragwürdige Fundament" lediglich mit „genialer Kasuistik" bedeckten. Er fand es höchst kritikwürdig, dass „ jedes zivilisierte Land seine Macht und sein Ansehen dafür ein[setzt], daß ein Verstorbener gegen Lebende Recht behält ..."[13]

Es ist fürwahr ein Phänomen, dass das Eigentumsrecht Tote zu Rechtssubjekten macht, indem die Rechte Verstorbener gegen Lebende durchgesetzt werden. Um das fragwürdige Fundament des Eigentumsrechts freizulegen, müssen wir weit in die Geschichte hinabsteigen. Diese Rekonstruktion bezieht sich im Wesentlichen auf Uwe Wesels „Geschichte des Rechts".

Im Laufe der Entwicklung des Eigentumsrechts kam es sukzessive zur Trennung von Rechten und Pflichten. Das Recht, über den Bodenertrag zu verfügen, wurde von der Pflicht zur Bodenbearbeitung abgekoppelt. Der Beginn dieses Prozesses liegt im Dunkel der Geschichte. Er setzte mit der Entwicklung der Arbeitsteilung und der daraus folgenden Hierarchie innerhalb der Familienclans ein. In der Folge entstanden auch Hierarchien zwischen den Clans.

Weil Besitzrechte über Ackerland nur von Familienverbänden, nicht von Einzelpersonen erkämpft und verteidigt werden konnten, war Boden ursprünglich Gruppen- bzw. Clanbesitz, der auch gemeinsam bearbeitet wurde. Mit dem Vergrößern der Nahrungsvorräte wurde deren Schutz sowie das Verwalten und Verteilen zu einer eigenen Aufgabe. Sie fiel dem Clanfürsten zu – oder umgekehrt: der Verwalter wurde Clanfürst. Dessen Macht und Prestige wuchs mit dem Umfang der Vorräte, die er verwaltete, und mit seiner Fähigkeit für dieses Amt.

Wurde der Clanfürst von der Pflicht zur Bodenbearbeitung entbunden, dann nur, weil ihm andere Pflichten oblagen, die ihn indirekt an den Acker banden. Damit fand jedoch eine erste Trennung zwischen denen, die den Acker bearbeiten und dem, der den Ertrag verwaltete, statt. Aber noch waren Rechte und Pflichten nicht entkoppelt.

Mit der Herausbildung der Stadtstaaten in Mesopotamien im 3. Jahrtausend v.u.Z. kam es zu einer ersten Stufe der Entfremdung.[14] Um sich zum Stadtfürsten bzw. Gottkönig aufschwingen zu können, musste der Herrscher über einen Stadtstaat die Clanfürsten entmachten. Dazu musste er ihnen das Recht auf Verteilung der Clanerträge entziehen, denn aus der Verteilung von Nahrungsüberschüssen erwuchs den Clanfürsten Macht. Sie konnten Überschüsse für Geschenke nutzen und so Bündnisse schmieden, die die Macht eines Gottkönigs gefährden konnten. Wollte ein Gottkönig seine Macht sichern, musste er die Bildung neuer Allianzen zwischen den übrigen Clanfürsten unterbinden. Dazu musste er ihnen die Mittel zur Allianzbildung – das Recht auf Verteilung der Clanerträge – entwinden, ohne zugleich die Clans von den Pflichten zur Bodenbearbeitung zu befreien. Dieses Ziel wurde durch das Übertragen der Besitzrechte am Boden von den Clanfürsten auf den Gottkönig erreicht. Diesen in Mesopotamien wahrscheinlich im 3. Jahrtausend v.u.Z. stattfindenden Prozess beschreibt Wesel wie folgt: „Die Hauswirtschaft beruhte auf patrilinearen Verwandtschaftsgruppen und ihrem Eigentum[E] an Land, das jedoch immer mehr auf den Tempel überging, der sich langsam zu einem Großbetrieb entwickelte, in dem ein großer Teil der Stadtbevölkerung beschäftigt war. Am Ende dieses sumerischen Jahrtausends gehörte ihm das ganze Land, gab es keine privaten[F] Felder mehr."[15] Bezeichnenderweise haben wir kein Wort für diesen Prozess. Enteignung trifft es gerade nicht, weil noch keine Übertragung von Eigentumsrechten, sondern nur eine Übertragung von Besitzrechten stattgefunden hat. Ich schlage hierfür den Begriff **Entbindung** vor. Dieser Prozess der Besitzübertragung war von entscheidender Bedeutung für die Staatenbildung. Die dadurch in Gang gesetzte Schwächung der Familienbande war Voraussetzung für das Entstehen einer Volksidentität. Wo dieser Prozess nur unvollständig stattgefunden hat, können bis heute kaum stabile Staaten entstehen.

Sehr wahrscheinlich erfolgte die Entbindung der Clans durch geschickte Ausnutzung der Verfügungsgewalt über zuvor von den Clans erworbene Vorräte. Eine Beschreibung eines solchen Prozesses liefert die biblische Josephsgeschichte[16]. Diese im 1. Buch Mose enthaltene Erzählung ist Teil der von den Juden gesammelten Mythen der damaligen Zeit. Sie ist kein historischer Beweis, sondern lediglich eine literarische Illustration eines geschichtlichen Prozesses.

Wie das gesamte 1. Buch Mose ist sie nicht eigentlich jüdische Geschichte, da diese erst mit Moses selbst beginnen kann. So wie es vor Christus keine christliche Geschichte geben konnte, so konnte es vor Moses keine jüdische geben. Im 1. Buch Mose findet sich vielmehr eine durch Verwenden mesopotamischer Mythen verdichtete Geschichte der gesamten Menschheit. Insofern diese in Teilen eine Geschichte des hebräischen Volkes ist, fühlt sie sich weniger der historischen Wahrheit, als der Legitimation der nachfolgenden Geschichte verpflichtet.

Besagtem Mythos zufolge nutzte Joseph als Verwalter des Pharaos die über

---

[E] Gemeint ist hier eigentlich Besitz, denn es gab noch kein Eigentumsrecht, sondern nur gemeinschaftlich von Verwandtschaftsgruppen (Clans) bewirtschaftetes und verwaltetes Land.

[F] D. h., es gab keinen Clanbesitz (keinen Familienbesitz) an Feldern mehr; private Felder hatte es vor der Landnahme durch den König nicht gegeben.

Jahre hinweg aufgespeicherten Kornvorräte, um dem Volk während einer Hungersnot infolge einer Serie von Missernten ihr Land und ihre persönliche Freiheit abzuhandeln. Denn nachdem die Bauern zuerst ihr Geld und dann ihr Vieh für Korn weggeben mussten, blieben ihnen schließlich nur noch ihre Leiber und ihre *Felder*, um sie gegen Brot einzuhandeln. Dadurch wurde aus ihrem Clanland Königsbesitz. Damit wurde aber noch kein Eigentum im römischen Sinne geschaffen, denn der König nutzte die Abgaben, die ihm aus diesem Land zuflossen, um die Infrastruktur zu erhalten und auszubauen. Zu seinen Pflichten gehörte die Instandhaltung der Bewässerungsanlagen, die Kontrolle von Maß und Gewicht auf den Märkten, die Verwaltung und Verteilung der Nahrungsvorräte, die Sicherung des Rechts, die Verteidigung gegen Feinde, kurz die Aufrechterhaltung der staatlichen Ordnung.

Durch den Übergang von Clanbesitz in Königsbesitz entstand eine erste Entfremdung. Noch aber war das Band zwischen Rechten und Pflichten nicht zerschnitten, das Äquivalenzprinzip noch nicht aufgehoben. Der Gottkönig erwarb mit dem Besitzrecht zwar einen Anspruch auf einen Teil der Bodenerträge (die Pacht), doch er legitimierte dieses Recht durch eine Vielzahl von Verwaltungspflichten.

Zur Trennung der Ertragsrechte von den Bearbeitungspflichten kam es erst durch das Dazwischentreten von Hortgeld. Geldhorte waren lange vor dem Prägen der ersten Münzen entstanden, als Geld noch die Form von Schmuck oder Geräten besaß. Die Schmuck- bzw. Gerätegeldhorte waren das Resultat des Luxuskonsums der Oberschicht. Da Gottkönig, Hofstaat und Priesterschaft sich von den Fernhandelskaufleuten mit Luxusgütern versorgen ließen, wanderte mehr Geld in die Hände dieser Kaufleute, als diese für ihre Konsumbefriedigung brauchten. Der Geldüberhang wurde gehortet, so dass sich immer größere Geldvermögen in ihren Händen ansammelten.

Wurde dann Erz und Rohmetall knapp, um neue Münzen zu prägen, fehlte den Gottkönigen Geld, um ihren Luxus zu finanzieren. Das von ihnen früher geprägte Geld war größtenteils in den Truhen der Kaufleute gehortet. Um an dieses Hortgeld zu kommen, mussten die Gottkönige den Kaufleuten etwas zum Kauf anbieten. Das einzige, das reiche Kaufleute, die bereits alle irdischen Güter besaßen, interessierte, war Land. Da die Gottkönige sich als allmächtig empfanden, konnten sie etwas zur Ware machen, das bisher keine war: Boden. Der erste Landverkauf eines Gottkönigs an einen Kaufmann war die Geburtsstunde der bürgerlichen Gesellschaft. Der erste Käufer von Land war der erste Bourgeois. Urkunden über Landkauf kennen wir bereits aus dem 2. Jahrtausend v.u.Z. aus Mesopotamien.[17] Die Ungeheuerlichkeit dieses Vorgangs wird einem Gottkönig kaum zu Bewusstsein gekommen sein. Sein Recht auf das Land folgte direkt aus seiner Abstammung von Gott. In seiner Gottähnlichkeit war ihm die Welt, die Gott geschaffen hatte, überantwortet worden.

Wesel dazu: „Die Entwicklung ist also so verlaufen, daß das Verwandtschaftseigentum[G] der agnatischen[H] Gruppen in sumerischer Zeit allmählich auf den Tempel übergegangen ist und nun daraus teilweise das Privateigentum einzelner entstand, durch Weiterverkauf."[18]

Wenn Wesel hier von Weiterverkauf spricht, ist ihm das Ursprüngliche dieses Aktes möglicherweise nicht bewusst geworden. Er schrieb die Geschichte des Rechts, nicht die des Eigentums, und war nicht auf der Suche nach dem ersten Landkäufer. Dieser Landkäufer war der erste Privateigentümer. Durch seinen Kaufvertrag kaufte er sich und alle seine Nachfahren von den Pflichten frei, die für den König mit dem Landbesitz verbunden waren.

Mit dem Entstehen von Privateigentum aus Königsbesitz wurde das Äquivalenzprinzip aufgehoben. Aus dem legitimen Recht des pflichtschuldigen Besitzers auf einen Teil des Bodenertrags wurde ein formaljuristisches Band. Indem der Eigentümer sich von den Pflichten des Besitzers freikaufen konnte, entstand aus Besitz Eigentum.

Sofern die neuen Privateigentümer ihr vom König gekauftes Land selbst nutzten, zogen sie noch kein arbeitsloses Einkommen aus dem Land. Allerdings stellte bereits die Befreiung von Pachtzahlungen an den König infolge des Landkaufes indirekt ein arbeitsloses Einkommen dar. Denn die Privateigentümer nutzten genau wie die Pächter*innen die vom Staat geschaffene, öffentliche Infrastruktur, ohne indessen wie die Pächter*innen weiter dafür zu zahlen. Der Kaufpreis war eine einmalige Ablösesumme für eine dauerhafte Infrastrukturnutzung.

Der endliche, einmalig zu zahlende Kaufpreis wurde nicht erst ungerecht, wenn aus dem Landkauf ewige Pachteinnahmen sprudelten; er war bereits ungerecht, weil der Käufer dadurch dauerhaft von allen Pflichten zum Erhalt der mit genutzten Infrastruktur wie Straßen, Bewässerungssysteme, staatliche Verwaltung etc. befreit wurde.

Der Staat ist eigentlich erst aus der Aufgabe, den Infrastrukturerhalt aus Pachteinnahmen zu bezahlen, entstanden. Kann er dieser Aufgabe infolge fehlender Einnahmen, infolge des Verkaufs des Staats- bzw. Gemeinschaftsbesitzes an Boden nicht mehr gerecht werden, droht seine Auflösung. Der Zerfall des Staates kann nur aufgehalten werden, wenn diese Finanzierungslücke durch neue Einnahmequellen geschlossen wird. In der Neuzeit geschieht dies durch die Einkom-

---

[G] Gemeint ist Verwandtschaftsbesitz!

[H] Familienverbände in denen die Verwandtschaft nur über den Vater oder nur die Mutter hergeleitet wird.

mensssteuer. Durch das in der Systemlogik liegende Sinken der Lohneinkommen wird diese Geldquelle langfristig nicht ausreichen, den Staat am Leben zu erhalten.

Weil der antike Landeigentümer von Pachtzahlungen befreit war, wuchs sein Geldvermögen schneller als vor dem Landkauf. So konnte er bald weiteres Land kaufen und schließlich einen Teil seines Eigentums verpachten. Da die Pacht für ihn ein arbeitsloses Einkommen darstellte, für das er keine Gegenleistungen erbringen musste, konnten seine Pachtforderungen theoretisch auch unter denen des Königs liegen. Während die Pachten für den König notwendige Einnahmequellen zum Infrastrukturausbau und -erhalt waren, stellten sie für den Privateigentümer leistungsloses Einkommen dar. Möglich war dieser entscheidende Wechsel vom Besitz- zum Eigentumsrecht, weil scheinbar alles beim Alten blieb. Formal übernahm der Privateigentümer das Recht des Königs, Pacht zu erheben. Für den Pächter verringerte sich dadurch vielleicht die Pacht, weshalb er im Eigentümerwechsel womöglich einen Vorteil sah.

Mit dem schrittweisen Verkauf von Land sanken Schritt für Schritt auch die Staatseinnahmen. Genauso schrittweise verfiel auch die Infrastruktur. (Das alles erinnert sehr an die Gegenwart.) Schließlich zerfiel der Staat. Die Landeigentümer bildeten die neue Elite. Solche Wechsel haben wiederholt in der Geschichte stattgefunden, zuletzt beim Übergang vom Feudalismus zum Kapitalismus.

Doch auch die Macht des neuen Geldadels währte nicht ewig. Sie schwankte mit dem Zusammenbruch des Geldsystems. Geldsysteme sind wiederholt zusammengebrochen. So kehrte Mesopotamien nach der „Invasion der Seevölker" um 1200 v.u.Z. zur Naturalwirtschaft zurück. Bisher gibt es keine schlüssigen historischen Erklärungen, was die wirtschaftlichen und gesellschaftlichen Zusammenbrüche um 1200 v.u.Z. verursacht hat. Wesel schreibt: „Nun bestimmte wieder der Palast des Königs allein die Wirtschaft des Landes. Es ist eine zentralisierte Palastwirtschaft mit einem ausgedehnten bürokratischen Verwaltungsapparat."[19] Mit dem Geld verschwand auch das Privateigentum an Boden wieder, wie Wesel feststellt: „Privates Eigentum am Land gab es nicht mehr, dementsprechend auch keine Urkunden über Landverkäufe."[20]

Privateigentum war also vor mehr als 3000 Jahren in Mesopotamien entstanden und wieder verschwunden. Mit dem Aufstieg des römischen Imperiums entstand erneut Privateigentum. Wesel dazu: „Die wirtschaftliche Entwicklung [des Römischen Reiches, d. A.] ist am Anfang ähnlich wie in Griechenland. Durch die bald einsetzende Geldwirtschaft verändert sich die Hauswirtschaft. Privateigentum an Grund und Boden entsteht, über den sehr früh frei verfügt werden kann."[21]

Doch auch dieses Privateigentum verschwand mit dem Zerfall des Staates wieder. Denn Privateigentum erfordert stets zwei Dinge. Zum einen Geld, mit dem es nicht nur ge- und verkauft werden kann, sondern mit dem auch Pachtzahlungen geleistet werden können. Denn Eigentümer*innen haben nur begrenzt Bedarf an Naturalien. Geld hingegen lässt sich beliebig horten. Zum anderen einen Staat, der die Eigentumsrechte durchsetzt, denn Eigentümer*innen sind anders als Besitzer*innen oft nicht im Besitz ihres Eigentums.

Mit dem Zerfall der römischen Staatsmacht und des römischen Geldwesens wurde aus Eigentum wieder Besitz. Das feudale Lehen entstand. Der Lehnsherr war dem König wegen Erhalt des Lehens verpflichtet. Naturalwirtschaft verdrängte im Feudalismus erneut den Geldhandel, wenn Geld auch nie mehr vollständig verschwand. Der Aufstieg des Kapitalismus ist die Folge des Entstehens eines neuen Geldsystems. Nichts deutet darauf hin, dass dieses Geldsystem dauerhaft Bestand haben wird. Sosehr wir uns dies auch wünschen mögen.

Beenden wir hier unseren Ritt durch die Geschichte. Es wurde hoffentlich erkennbar, dass das Entstehen von Geld dem Entstehen von Eigentum vorausging. Nicht Geld folgte aus dem Vorhandensein von Eigentum, sondern Eigentum aus dem Vorhandensein von Geld – und zwar von schlecht verteiltem Geld. Deshalb muss es eigentlich heißen: Eigentum folgt aus dem Vorhandensein von Hortgeld bei gleichzeitiger Verknappung von Kaufkraft. Anders ausgedrückt: Eigentum entsteht, wenn durch Akkumulation von Geldkapital Geldmangel entsteht.

Die Schwierigkeit Eigentumsrecht neu zu denken, liegt in seiner langen Tradition begründet. Zu tief verwurzelt ist dieses Rechtskonstrukt in unserem geistigen Gencode. Trotzdem ist Umdenken dringend notwendig. Um es mit Ernst Bloch zu sagen: „Tausend Jahre Unrecht machen noch keine Stunde Recht.“[22]

5.3. Wie sinnvoll ist Eigentum? – Macht Enteignung Sinn?

Macht Enteignung Sinn? So pauschal gestellt, muss die Frage mit Jein beantwortet werden. Eine klare Antwort wird erst möglich, wenn wir das Eigentum genauer betrachten. Da es einen Unterschied zwischen Besitz und Eigentum gibt, gibt es faktisch zwei Arten von Eigentum. Diejenigen, die in ihrer Eigentumswohnung oder ihrem Eigenheim wohnen, sowie diejenigen, die ihr eigenes Land bestellen, sind Besitzer*innen und Eigentümer*innen in einer Person. Ich nenne selbst genutztes Eigentum daher **Besitzeigentum**. Besitzeigentümer*innen sichern sich in einer Eigentumsgesellschaft lediglich ihre Besitzrechte rechtlich ab, indem sie ihren Besitz zu ihrem Eigentum machen.

Die „wahren“ Eigentümer*innen sind all jene, die ihr Eigentum gerade nicht selbst nutzen, sondern es vermieten, verpachten oder verleihen. Miete, Pacht oder Leihgebühr sind Renditeformen des Eigentums – sind Formen von Kapitalrente. Ich nenne das nicht selbst genutzte Eigentum **Kapitaleigentum**. Kapitaleigentümer*innen brauchen Besitzer*innen als Vertragspartner*innen, um von ihnen Kapitalrente zu erhalten. Kapitalrente ist das Ziel kapitalistischen Eigentums. Zwar müssen alle Eigentümer*innen eine Grundsteuer zahlen, doch die Kapitalrente deckt diese Grundsteuer im Allgemeinen mehr als ab.

Nach dieser Unterscheidung lässt sich die Eingangsfrage genauer beantworten. Besitzeigentum ist keine Quelle der Ausbeutung – selbst, wenn es sich um Eigentum an Produktionsmitteln handelt! Besitzeigentum ist sinnvoll, weil sich Rechte und Pflichten in einer Hand befinden. Besitzeigentum fördert deshalb Verantwortung.

Kapitaleigentum ist hingegen eine Quelle von Kapitaleinkommen. Hier tut Abhilfe Not. Mensch mag einwenden, dass auch Kapitaleigentum irgendwann mit sauer verdientem Geld erworben wurde. Das trifft jedoch nur bedingt zu. Zum einen sind da die Erb*innen. Sie haben keinen Cent sauer verdienten Geldes in den Erwerb des Eigentums investiert. Selbst die Erbschaftssteuer haben sie aus einem Anteil des Erbvermögens bezahlt. Sie wurden einfach in die richtige Familie hineingeboren und haben Kapital ohne Aufwenden eigener Arbeit erworben. Einen Anspruch auf Kapitaleinkommen kann ich hier nirgends ableiten.

Doch wie steht es mit den Gründer*innen des Vermögens? Sie haben zweifelsfrei durch ihre Unternehmungen weit mehr eingenommen als sie für ihren eigenen Konsum benötigten. Dadurch waren sie in der Lage einen Teil ihrer Einnahmen für Vermögenswerte auszugeben, die sie selbst gar nicht in direkten Gebrauch nehmen wollten. Sie kauften Land oder Immobilien nicht, um dort zu wohnen oder zu arbeiten, sondern allein zum Zweck, aus diesem Eigentum Kapitaleinkommen zu ziehen. Wie bereits festgestellt, ist der Erwerb der ersten Million am schwersten, weil mensch sich für dieses Startkapital oft richtig ins Zeug legen muss. Lässt sich daraus ein Recht auf ewige Kapitalrente ableiten? Darüber lässt sich sicher länger diskutieren. Fakt ist, dass Kapital ab einer bestimmten Höhe die Eigenschaft hat, stets mehr Kapital anzuziehen. Spätestens wenn das Kapitaleinkommen so hoch ist, dass – ohne Konsumverzicht – ein Teil dieses Einkommens zum Kauf weiterer Vermögenswerte verwendet werden kann, stellt sich die Frage: Wie berechtigt ist Kapitaleinkommen? Daraus folgt die Frage: Wie berechtigt ist Kapitaleigentum?

Dagegen lässt sich zweifelsfrei einwenden: So ist die Welt, in der wir leben. Wir haben diese Gesetze nicht gemacht. Wir haben sie vorgefunden. Es ist eine unbestrittene Tatsache, dass wo viel ist, viel hinzukommt. Vermögen wachsen umso schneller, je größer sie sind. Hier wirken jedoch keine Naturgesetze. Die Gesetze, die diese kapitalistische Dynamik der Vermögensvermehrung erzeugen, sind von Menschen gemacht. Wir Menschen könnten sie ändern.

Tatsächlich gibt es gewichtige Gründe Kapitaleigentum zu beseitigen bzw. seine Entstehung zu verhindern. Denn Kapitaleigentum entwickelt eine Dynamik, die Naturwissenschaftler*innen als positiven Rückkopplungsprozess bezeichnen.

Positiv ist hier nicht als moralische Wertung zu verstehen, sondern meint ein System, in dem sich einzelne Faktoren ungebremst verstärken. Infolgedessen schaukeln sich Systeme mit positiver Rückkopplung bis zur Selbstzerstörung auf. Für einen Heißwasserboiler würde das bedeuten, dass er umso mehr Heizenergie aus dem Netz zieht, je heißer das Wasser in ihm ist. Das Wasser heizt sich dadurch immer schneller auf. Mit der Hitze steigt der Druck im Kessel, so dass er schließlich unweigerlich explodiert. Unser Geld- und Eigentumssystem ist auf genau so absurde Weise verzahnt. Infolgedessen kommt es zu ungebremstem, ja sich selbst verstärkendem Vermögenswachstum, was wiederkehrende Finanzkrisen erzwingt. Exponentielles Vermögenswachstum und Finanzkrisen tragen immer stärker zur Fehlsteuerung der globalen Wirtschaft bei. Der unausweichliche kapitalistische Wechsel zwischen Wachstum und Krise ist Ursache wachsender sozialer und ökologischer Probleme. Kapitaleigentum ist ein Zahnrad in diesem Getriebe. Es ist Teil des kapitalistischen Systems der Selbstvermehrung und Selbstzerstörung von Vermögen. Die Frage, ob wir Kapitaleigentum abschaffen bzw. verhindern sollten, ist deshalb keine moralische Frage, sondern eine Frage des Überlebens unserer Gesellschaft.

Bedauerlicherweise war Marx' Eigentumsbegriff zu pauschal. Er hat nicht zwischen Besitzeigentum und Kapitaleigentum unterschieden. Undifferenziert sah er in jedem Eigentum an Produktionsmitteln eine Quelle der Ausbeutung. Infolge dessen wurden im real existierenden Sozialismus mit den Kapitaleigentümer*innen auch alle Besitzeigentümer*innen an Produktionsmitteln enteignet. D. h. auch Unternehmen, die sich als Eigentum im Besitz der dort verantwortlich tätigen Unternehmer*innen befanden, wurden in sogenanntes Volkseigentum überführt.

Neben der Planwirtschaft (eine Idee, die aus dem 2. Band des Kapitals abgeleitet wurde) war das einer der Gründe für die Ineffizienz der sozialistischen Wirtschaft.

Es sei nochmal erinnert: Ohne Besitzrechte keine sesshafte Lebensweise. Ohne Kains Durchsetzung seines Besitzrechtes hätte sich der Ackerbau nicht durchsetzen können. Dass der Streit um Besitzrechte immer wieder zu Kriegen geführt hat, ist tragisch. Es bleibt eine Aufgabe der Menschheit, nach friedlichen Wegen zu suchen, Besitzstreitigkeiten zu beheben und Besitz sinnvoll zu verteilen, damit keine destruktiven sozialen Spannungen entstehen. Trotz aller Schwierigkeiten mit dem Regeln von Besitzrechten, ist es völlig kontraproduktiv sie abzuschaffen. Was für den Besitz gilt, gilt in modernen Eigentumsgesellschaften für das Besitzeigentum.

Kapitaleigentum ist hingegen kontraproduktiv, da es zwangsweise zu stets wiederkehrenden und stets größer werdenden Krisen führt. Irgendwann sind die Krisen nicht mehr regulierbar und das kapitalistische Geldsystem bricht zusammen. Auf diesen Zusammenbruch folgt jedoch sicher keine klassenlose Gesellschaft. Vielmehr ist zu befürchten, dass neofeudale Strukturen entstehen. Wer genau hinsieht, kann das Reptil im Schlangenei bereits erkennen. Monopole schaffen Herrschaftsräume jenseits der Nationalstaaten. Konzerne und private Anleger*innen kaufen Land in fremden Ländern. Werden hier bereits die Latifundien künftiger Fürstentümer abgesteckt? Land- und Ressourcenverkäufe infolge chronischen Geldmangels der Staaten markieren zugleich deren langsame Auflösung. Staatliche Aufgaben werden bereits vereinzelt privatisiert oder aufgegeben. Versorgungsnetze und Sozialsysteme werden brüchig. Der Wandel vollzieht sich langsam. Zugespitzt lässt sich sagen: Die, die gewählt wurden, haben keine Macht und die, die Macht haben, wurden nicht gewählt. Die Demokratie schafft sich so selbst ab. Die Zunahme von religiösem Fundamentalismus sowie das Entstehen von Privatarmeen sind in diesem Zusammenhang interessante Phänomene.

Eigentum

Eigentum entsteht ursprünglich durch Kauf, Besitz ursprünglich durch Okkupation. Besitzrechte erfordern die Inbesitznahme. Sie enden mit Aufgeben der Besitznahme, also der Besitznutzung. Eigentumsrechte basieren auf einem Kaufvertrag und sind völlig losgelöst von Nutzungspflichten, ja sogar von der Existenz der kaufenden Person. Denn Eigentumsrechte werden nach dem Tod der kaufenden Vertragspartei durch Testament oder gesetzliche Erbfolge an Erben übertragen. Diese Übertragung von Rechten – losgelöst von Pflichten – erscheint uns heute selbstverständlich. Doch nicht nur Walther Rathenau und Ernst Bloch ist bewusst, dass dies eine der dubiosesten Entwicklungen der Rechtsgeschichte ist.

Es gibt grundsätzlich zwei Formen des Eigentums, das selbst genutzte **Besitzeigentum** und das zum Erwerb von **Kapitalrente** fremder Nutzung überantwortete **Kapitaleigentum**. Das Kapitaleigentum braucht zwingend eigentumslose Besitzer*innen von denen Kapitalrente in Form von Miete, Pacht oder anderer Nutzungsgebühr erhoben werden kann. Jacques Sapir fasst das in die Worte: „Bevor Freitag die Insel betritt, gehört Robinson alles, also nichts. Für den, der allein ist, haben Eigentumsrechte keine Bedeutung." [23]

Besitzeigentum ist für jede sesshafte Lebensweise notwendiges Eigentum. Die Enteignung von Besitzeigentum löst das Problem der Ausbeutung nicht; sie ist vielmehr kontraproduktiv, da sie Eigenverantwortung, Kreativität und Unternehmensgeist schwächt bzw. zerstört. Besitzeigentum darf daher nicht enteignet werden, sondern Besitzeigentum muss geschützt werden.

Eigentum an Produktionsmitteln ist *primär* Besitzeigentum, solange es sich in der Hand der verantwortlich im Unternehmen Tätigen befindet. Es kann sich jedoch sukzessive in Kapitaleigentum verwandeln, indem Unternehmensanteile oder gesamte Unternehmen in Privateigentum von Personen übergehen, die keine verantwortliche Funktion bei der Organisation, Planung und/oder Verwaltung der Produktion ausüben.

Eigentum an Produktionsmitteln kann sich auch anteilig in Kapitaleigentum verwandeln, indem im Unternehmen verantwortlich tätige Eigentümer*innen Teile der betrieblichen Einnahmen in Kapital verwandeln. Kapital dient, wie an anderer Stelle definiert, nicht mehr realwirtschaftlicher Bedürfnisbefriedigung (Konsum oder Investition), sondern dem Kauf von Vermögenswerten zum Zweck der Selbstvermehrung des Kapitals. Erst die Verwendung betrieblicher Einnahmen als Kapital setzt den Prozess der Verwandlung von Produktionsmitteln von Besitzeigentum in Kapitaleigentum in Gang.

Kapitaleigentum ist die Ursache der Ausbeutung des Menschen durch den Menschen. Solange Kapitaleigentümer*innen eine Kapitalrendite erwerben können, ohne dafür im Gegenzug reale Werte zum Nutzen der Allgemeinheit zu schaffen, müssen Nichteigentümer*innen mehr für die Gesellschaft leisten als sie von ihr zurückbekommen. Um Ausbeutung zu verhindern, muss sichergestellt werden, dass Produktionsmittel in den Händen der verantwortlich tätigen Unternehmer*innen bleiben. Eventuell vorhandene – auch anteilige – Eigentumsansprüche von Kapitaleigentümer*innen müssen aufgelöst bzw. rücküberführt werden. D. h. die Eigentumsansprüche der Unternehmer*innen müssen gestärkt und gesichert, nicht geschwächt und beseitigt werden. Sparzinsen sind nur dann eine Kapitalrente, wenn ihnen *kein* Konsumverzicht gegenübersteht. Sparen erfordert immer dann echten Konsumverzicht, wenn Spargeld als Mittel für notwendige Investitionen knapp ist. In solchen – nur zeitweise gegebenen wirtschaftlichen Phasen – ist es sinnvoll und notwendig, Sparen durch Sparzinsen zu belohnen!

Um Kapitaleigentum zu beseitigen und zu verhindern, darf nur das Kapitaleigentum an sich enteignet werden. Außerdem ist es notwendig, jede Möglichkeit zum Erwerb von Kapitalrente zu beseitigen bzw. zu verhindern.

6. Irrtümer – Mythos Marx

6.1. Respekt – Auf den Schultern von Riesen

Gregor Gysi empfiehlt in seinem Buch „Marx und wir", wir sollten Karl Marx kein Denkmal bauen, sondern ihn wieder lesen. Ich stehe der Empfehlung Marx zu lesen, zurückhaltend gegenüber. Denn mit Marx' Kapital ist es teilweise wie mit der Bibel. Der Mythos verhindert oft eine kritische Lektüre. Wenn wir Marx heute lesen, dann ist es nach dem Scheitern des Sozialismus höchste Zeit, Marx kritisch zu lesen. Wir können dabei auf die Kritik der Ökonomin Rosa Luxemburg sowie der Philosophin Simone Weil zurückgreifen. Beide Frauen haben in ihrem Leben und in ihrem Werk Respekt vor den Ideen Marx' bekundet. Ihre Kritik sollte deshalb nicht schmähen oder vernichten, sondern das Theoriegebäude verbessern.

Zweifelsfrei finden sich im Werk von Karl Marx viele interessante Gedanken und Anregungen. Denn Marx hat viel geschrieben. Marx' Einfluss auf die Weltgeschichte basiert indessen im Wesentlichen auf seinem Hauptwerk „Das Kapital". Dieses Werk umfasst drei Bände, von denen Marx selbst jedoch nur den ersten vollendet hat. Sein Freund, Weggefährte und Mäzen Engels hat den zweiten und dritten Band aus Marx' Nachlass zusammen gestellt. Gysi hat leider nur den ersten Band gelesen. Damit sind ihm wesentliche Mängel der Marxschen Theorie verborgen geblieben, die im Weiteren beleuchtet werden sollen.

Für uns Nachgeborene ist es immer leicht, Vordenker zu kritisieren. Denn wir wissen Dinge und kennen eine geschichtliche Entwicklung, die jenen noch unbekannt war. Seit Marx' Tod vor fast 1½ Jahrhunderten haben die Räder der Geschichte neue tiefe, blutige Spuren in den Sand der Menschheitsgeschichte geschrieben. Auch haben Geschichtswissenschaft, Archäologie und Paläontologie viele neue Erkenntnisse ans Licht gebracht. All dies ermöglicht es, Marx' Werk neu zu bewerten. Ich tue dies nicht im Stil von Marx, der seine Kritiker mit Hohn und Spott übergoss. Ich tue dies im Geist Karl Poppers. Ihm war bewusst, dass sich eine Theorie nie beweisen lässt. Wir können Theorien nur falsifizieren, indem wir mangelnde Übereinstimmung mit der Wirklichkeit und innere Widersprüche aufdecken. Ich tue das im Geist Bertrand Russells, der fordert: „Will man einen Philosophen studieren, so ist die richtige Einstellung ihm gegenüber weder Ehrfurcht noch Geringschätzung, sondern zunächst eine Art hypothetischer Sympathie, bis man in der Lage ist, nachzuempfinden, was der Glaube an seine Theorien bedeutet; erst dann darf man ihn kritisch betrachten, und das möglichst in der geistigen Bereitschaft eines Menschen, der von seinen bisher vertretenen Ansichten unbelastet ist. Geringschätzung würde den ersten und Ehrfurcht den zweiten Teil dieses Vorhabens beeinträchtigen."[24] Beginnen wir mit Marx' Kernidee.

6.2. Der Mehrwert – Mehr Werttheorie

Marx war, wie jeder Mensch, ein Kind seiner Zeit. Ihn wird, wie viele seiner Zeitgenossen, die entfesselte Warenproduktion fasziniert haben. Die von dieser Maschinerie ausgespuckte Warenmenge wird wohl vielen den Gedanken aufgedrängt haben, dass nun alles zur Ware wird. Die neue Organisation der Warenproduktion hob das gesellschaftliche Gefüge aus den Angeln. Da schien es naheliegend, die Urkraft für diesen Umbruch in der Produktionssphäre selbst zu suchen. Doch hätte Marx nicht sehen müssen, dass Armut weniger aus Arbeits- und mehr aus Verteilungsverhältnissen folgt? Er hat es gesehen. Nur sah er die Ursache der ungerechten Verteilung der Arbeitserzeugnisse in den Aneignungsverhältnissen. Er sah: Wer sich die Arbeitserzeugnisse – die Waren – aneignet, der kann sie verteilen. Für Marx waren daher die Unternehmer (Unternehmerinnen kannte er nicht) die Ausbeuter. Er nannte sie "fungierende Kapitalisten". Sie sind für Marx die eigentlichen Kapitalisten, die Ausbeuter – denn sie eignen sich als Eigentümer der Produktionsmittel die Produktionserzeugnisse an und damit auch den in ihnen enthaltenen Mehrwert. Soweit die Mehrwerttheorie aus dem Kapital Band 1. Doch reicht das als Erklärung für das Entstehen der gigantischen Privatvermögen aus?

Wer den 1. Band des Kapitals gelesen hat, dem ist mit Sicherheit die Buchstabenfolge G – W – G' im Gedächtnis geblieben. Allen anderen sei sie dechiffriert: Geld – Ware – mehr Geld. Damit scheint alles erklärt. Die Mehrwert enthaltende Ware wird auf dem Markt für mehr Geld als ihre Herstellung gekostet hat, verkauft. Dadurch verwandelt der Fabrikant den in der Ware enthaltenen Mehrwert in Geldkapital. Wenn die Umwandlung von Mehrwert in mehr Geld so einfach ist, wieso kommt es dann mitten im Elend des 19. Jhs. immer wieder zu sogenannten Überproduktionskrisen? Der folgende Dialog zwischen Frau und Kind eines Kohlekumpels legt nahe, dass der Begriff Überproduktionskrise irreführend ist.

Kind: Warum ist es so kalt bei uns, Mutter?
Mutter: Weil wir keine Kohlen haben.
Kind: Warum haben wir keine Kohlen?
Mutter: Weil Vater arbeitslos ist.
Kind: Warum ist Vater arbeitslos?
Mutter: Weil es zu viele Kohlen gibt.[25]

Der Vater ist arbeitslos, weil es *angeblich* zu viele Kohlen gibt und seine Arbeitskraft als Kohlekumpel deshalb nicht gebraucht wird. Doch gibt es tatsächlich zu viele Kohlen? Da die Familie friert, mangelt es ihnen ganz offensichtlich an Kohlen. Sie würden gern Kohlen kaufen. Sie haben eindeutig nicht zu viel, sondern zu wenig Heizmaterial. Ihnen fehlt es an Geld – an Kaufkraft – um Kohlen zu kaufen. Die vermeintliche Überproduktionskrise ist bestenfalls eine Absatzkrise, insofern es an Geld fehlt, um die vorhandenen Waren zu dem vom Fabrikanten geplanten Preis abzusetzen.

Im folgenden Kapitel (6.3) gehen wir der Frage nach, warum der Kohlebaron seine Kohlen nicht zu einem geringeren Preis verkauft. Zunächst suchen wir nach der Kaufkraftlücke, die es hier ganz offensichtlich im Portemonnaie der Familie des Kohlekumpels gibt.

Marx selbst fragt im 2. Band des Kapitals: „Wie kann nun die ganze Kapitalistenklasse beständig 600 Pfd. St. aus der Zirkulation herausziehn, wenn sie beständig nur 500 Pfd. St. hineinwirft?"[26] Anders gefragt: Wie kann der Kohlebaron seine Kohlen für 600 Pfund verkaufen, wenn er seinen Kumpeln nur 500 Pfund Lohn zahlt?

Als Luxemburg beauftragt wurde in der Berliner SPD-Parteischule Ökonomie zu unterrichten, arbeitete sie die drei Bände des Kapitals durch. Vermutlich war sie erstaunt, in Marx' Werk keine Antwort auf diese spannende Frage zu finden. Sie resümierte in ihrer Schrift: Die Akkumulation des Kapitals: „So sind wir, nachdem alle möglichen Versuche zur Erklärung der Akkumulation fehlgeschlagen sind, nachdem wir von Pontius zu Pilatus, von A I zu B I, von B I zu B II herumgeschickt worden sind, schließlich bei demselben Goldproduzenten angelangt, dessen Heranziehung Marx gleich zu Beginn seiner Analyse als `abgeschmackt´ bezeichnet hatte. Damit endet die Analyse des Reproduktionsprozesses und der zweite Band des `Kapitals´, ohne uns die lange gesuchte Lösung der Schwierigkeit gebracht zu haben."[27] Luxemburg war klar, dass es nicht reicht Ware herzustellen, der durch lebendige Arbeit ein Mehrwert einverleibt wird. Wie Marx mit seiner Frage klar macht, muss die Kaufkraft für diesen Mehrwert irgendwo herkommen. Sie kommt eben gerade nicht aus den Lohnzahlungen der "Kapitalistenklasse". Möglicherweise hat Marx, weil er an dieser Frage gescheitert ist, den zweiten und dritten Band des Kapitals nie vollendet. Doch das bleibt reine Spekulation.

Luxemburg erkennt, dass die "Kapitalistenklasse" einen Teil ihrer Waren auf ausländischen Märkten verkaufen muss. Auf diesen Märkten gibt es Kaufkraft (Geld), das nicht durch die Lohnzahlungen der Fabrikanten in Umlauf gekommen ist. Luxemburg sieht hierin die Ursache für den Expansionsdrang des Kapitalismus. Mehr noch, sie zeigt, wie im Zuge der Kolonialisierung die einheimische (Subsistenz-)Wirtschaft systematisch zerstört wird, um Nachfrage nach kapitalistischen Waren zu erzeugen.

Tatsächlich ist Exportüberschuss bis heute eine wichtige Profitquelle. Doch die USA sind eines der größten Defizitländer. Obwohl die USA keine Exportüberschüsse machen, verfügen sie über das höchste Pro-Kopf-Vermögen. Wie ist das möglich? Wo kommt das Geld für die Hypervermögen einer kleinen Gruppe Superreicher her? Dieses Geld kann nur durch eine Geldschöpfung entstehen, die nichts mit der Warenproduktion zu tun hat. Eine solche Geldschöpfung findet u.a. statt, wenn der Staat Kredite aufnimmt.[1]

Staatsverschuldung ist eine Quelle des Profits. Durch staatliche Kreditaufnahme wird Geld geschaffen und in Umlauf gebracht, das zusätzlich zu den Lohnzahlungen der Unternehmen Kaufkraft schafft. Dieses Geld ermöglicht es Fabrikant*innen, Waren für 600 Pfund zu verkaufen, obwohl sie für deren Herstellung nur 500 Pfund bezahlt und also in Umlauf gebracht haben. Weitere Quellen für realwirtschaftlichen Profit sind Kredite für Investitionen sowie Kredite an Ausländer, die mit diesem Geld Waren im Inland kaufen, so dass Geld in die heimische Wirtschaft fließt, während die Schulden im Ausland bleiben. Neben diesen Profitquellen gibt es eine gigantische Geldschöpfung innerhalb des Bankensektors. Diese Geldschöpfung ermöglicht es durch Handel mit Wertpapieren, *ohne den Umweg über die Produktion von Waren,* aus Geld mehr Geld zu machen. Der größte Teil der Verwandlung von Geld in mehr Geld erfolgt heutzutage tatsächlich ganz ohne das Dazwischentreten von Waren, und zwar an den Finanzmärkten. Mit Geld gekaufte Wertpapiere werden gegen mehr Geld weiterverkauft, weil die Investmentbanken zum Zweck des Wertpapierkaufes Geld aus dem Nichts schöpfen. Deshalb können die Renditen an den Finanzmärkten deutlich über dem Wirtschaftswachstum liegen. Die dort stattfindende Verwandlung von G in G' braucht keine Warenproduktion, keine Mehrwertschöpfung durch lebendige Arbeit. Tatsächlich sind Autokonzerne wie VW bildlich gesprochen längst Investmentbanken mit angeschlossener Autowerkstatt. Die Autoproduktion ist Teil der Werbemaschinerie, die den Verkauf der Finanzprodukte fördern soll. Marx' Theorie hilft mit, durch Werbung für schicke Autos den Kurs für Autoaktien hoch zu treiben. Die Illusion, Wertschöpfung erfolge durch Mehrwerterzeugung im Produktionsprozess, hält den Kapitalismus eher lebendig als seinen Untergang zu befördern. Solange Menschen glauben, dass durch lebendige Arbeit erzeugter Mehrwert Ausgangspunkt der Profitakkumulation ist, sehen sie das Offensichtliche nicht.

---

[1] Tatsächlich sinkt die Gesamtgeldmenge wieder, wenn Banken Staatsschuldscheine an Unternehmen, Versicherungen oder Private verkaufen, weil Banken das so eingenommene Geld vernichten. Vorab fließt das Geld, das der Staat durch Kreditaufnahme erhält, jedoch in der Realwirtschaft, weil der Staat es dort ausgibt. Erst im Anschluss verkaufen Banken Staatsschuldscheine auf den Finanzmärkten und ziehen das durch staatliche Kreditaufnahme in die Realwirtschaft gepumpte Geld aus der Finanzwirtschaft heraus. Staatsverschuldung bewirkt so einen Geldfluss aus der Finanz- in die Realwirtschaft. Durch den fortwährenden umgekehrten Geldabfluss aus der Real- in die Finanzwirtschaft hat Staatsverschuldung jedoch keinen dauerhaften Effekt. Bildlich gesprochen ist die Geldversorgung der Realwirtschaft durch Staatsverschuldung der Versuch, ein Fass ohne Boden zu füllen.

Profitakkumulation kann auf Warenproduktion verzichten. Für die Geldakkumulation braucht es lediglich Geldschöpfung jenseits der Finanzierung von Lohnarbeit. Denn damit die „Kapitalistenklasse" 600 Pfund einnehmen kann, obwohl sie selbst nur 500 Pfund in Umlauf gebracht hat, müssen die 100 Pfund Differenz aus einer Geldschöpfung jenseits der kapitalistischen Warenproduktion kommen.[J] Wichtig ist allein, dass die Illusion erhalten bleibt, die wundersame Profitakkumulation habe etwas mit Mehrwertproduktion zu tun. Hierbei leistet die marxistische Theorie dem Kapitalismus gute Dienste.

6.3. Der Kapitalist – Ausbeuter ohne Kapital!?

Obwohl Marx im 2. Band des Kapitals die Quelle der Geldakkumulation nicht entdeckt hat, denkt er im 3. Band u.a. über den Profit nach. Da Marx viel geschrieben hat, ließe sich auch sehr viel über Marx schreiben. Doch ich möchte die Bücherschwemme nur um einen kurzen Text bereichern. Ich werde daher nur auf einen Absatz näher eingehen, in dem jedoch einige grundsätzliche Begriffe in ihrer Widersprüchlichkeit aufleuchten.

Marx schreibt im 3. Band des Kapitals: „Die Exploitation der produktiven Arbeit kostet Anstrengung, ob er[K] sie selbst verrichte oder in seinem Namen von andern verrichten lasse. Im Gegensatz zum Zins stellt sich ihm also sein Unternehmergewinn dar als unabhängig vom Kapitaleigentum, vielmehr als Resultat seiner Funktionen als Nichteigentümer, als – Arbeiter.

Es entwickelt sich daher notwendig in seinem Hirnkasten die Vorstellung, daß sein Unternehmergewinn weit entfernt, irgendeinen Gegensatz zur Lohnarbeit zu bilden und nur unbezahlte fremde Arbeit zu sein – vielmehr selbst Arbeitslohn ist... Daß seine Funktion als Kapitalist darin besteht, Mehrwert, d.h. unbezahlte Arbeit zu produzieren, und zwar unter den ökonomischsten Bedingungen, wird vollständig vergessen über dem Gegensatz, daß der Zins dem Kapitalisten zufällt, auch wenn er keine Funktion als Kapitalist ausübt, sondern bloßer Eigentümer des Kapitals ist; und daß dagegen der Unternehmergewinn dem fungierenden Kapitalisten zufällt, auch wenn er Nichteigentümer des Kapitals ist, womit er fungiert. Über der gegensätzlichen Form der beiden Teile, worin der Profit, also der Mehrwert zerfällt, wird vergessen, daß beide bloß Teile des Mehrwerts sind und

---

[J] Wichtig ist, sich bewusst zu machen, dass auch Geldschöpfung für Investitionen eine Geldschöpfung jenseits der Warenproduktion ist. Denn der Bau von Investitionsgütern gehört zur Vorproduktion, ist aber noch keine Warenproduktion. Aus dieser Geldschöpfung erwachsen die ökologischen Probleme, siehe Kapitel 3.

[K] Gemeint ist der Unternehmer, für Marx als "fungierender Kapitalist" der Exploiteur.

daß seine Teilung nichts an seiner Natur, seinem Ursprung und seinen Existenzbedingungen ändern kann.“[28]

Zunächst zum ersten Absatz dieses langen Zitats. Für Marx ist unternehmerische Tätigkeit immer Ausbeutung (Exploitation). Den Gedanken, ein Unternehmensgewinn sei berechtigtes Arbeitseinkommen für die Organisation der Produktion und die Leitung des Unternehmens, verwirft Marx – zumindest an dieser Stelle. Seiner Ansicht nach kann so ein Gedanke nur im „Hirnkasten“ eines Unternehmers (eines fungierenden Kapitalisten) entstehen. An anderer Stelle räumt Marx jedoch ein, dass auch der Unternehmer eine Art Lohnarbeiter ist.[29] Für mich ist die verantwortliche Unternehmensleitung eine Arbeit, die nicht nur Einkommen, sondern auch ein höheres Einkommen rechtfertigt.

Im zweiten Absatz wird dann offensichtlich, dass der Titel Kapitalist für Marx keinen zwingenden Zusammenhang zu Kapital hat. Kapitalist ist für Marx, wer Mehrwert produziert, also der Unternehmer. Dieser "fungierende Kapitalist“ (der Unternehmer) erwirtschaftet einen Rohprofit[30], den er dann mit dem "Kapitalisten“ (dem Kapitalgeber), der laut Marx aber „keine Funktion als Kapitalist ausübt“ teilt. Der Kapitalgeber ist für Marx „bloßer Eigentümer des Kapitals“ und erhält als solcher Zins. Für mich ist das reichliches Begriffschaos, das sich im letzten Satz nur insofern entwirrt, als klar wird, dass jede Art von Profit für Marx immer Mehrwert ist, der seinen Ursprung immer in der Warenproduktion hat.

In Marx‘ Gedankengebäude kreist alles um den Mehrwert. Er ist Ursprung der Ausbeutung wie des Profits, den die Ausbeutung hervorbringt. Ich sehe Marx Ende des 19. Jhs. in London quasi gestrandet. Er und seine Frau Jenny von Westphalen sind aus ihrem tradierten Lebenskreis herausgerissen. Hier in London scheint die Industrialisierung alles Überkommene niederzuwalzen. Überall geschäftiges Unternehmertum. Die Fabriken speien bisher unvorstellbare Warenmengen aus. Die Fabrikherren bauen sich Villen fern der Hütten der Arbeiter*innen. Es lag auf der Hand, die Quelle dieses neuen Wohlstandes in den Fabriken zu suchen.

Marx windet sich um den Gedanken, dass der "fungierende Kapitalist“ als Unternehmer auch Lohnarbeiter ist. Geld gab es schon lange. Im Geldverleih konnte Marx daher nichts Neues erkennen. Dass ein Kapitalgeber Zins für seinen Kredit nahm, war Jahrtausende altes Geschäftsgebaren. Auch darin war nichts Neues zu entdecken. Dass das Neue die Art der Geldschöpfung war, konnte Marx nicht sehen. Diese neue Kreditgeldschöpfung blieb bis in unser Jahrtausend ein wohl gehütetes Geheimnis.

Doch so revolutionär die industrielle Warenproduktion war, so ist der Unternehmer eben nur der "fungierende Kapitalist“, insofern als er die Interessen der Kapitalgeber gegenüber den Arbeiter*innen durchsetzt. Er ist bestenfalls der Sklaventreiber, nicht der Sklavenhalter. Er wird selbst von den Zins- und Renditeer-wartungen seiner Kapitalgeber*innen getrieben. Hier kommen wir auf die Frage aus dem vorigen Kapitel zurück, warum der Kohlebaron in Zeiten von Absatz-krisen seine Kohlen nicht zu einem geringeren Preis verkaufte? Er kann es nicht, weil er Zins und/oder Dividende zahlen muss. Hinter ihm stehen seine Kapital-geber*innen. Sie sind die eigentlichen Sklavenhalter*innen. Hinzu kommt, dass er Eigenkapital erwirtschaften will, um aus der Abhängigkeit seiner Kapitalgeber*in-nen heraus zu kommen. Diese komplexere Thematik wurde bereits im Kapitel 4.3 (Eigenkapital) skizziert. Wenn unser Kohlebaron geschäftstüchtig ist, kann es ihm in Boomzeiten gelingen in die Klasse der Kapitalgeber*innen aufzusteigen. Dieser Prozess wurde bereits in früheren Kapiteln beschrieben.

Wir kommen daher nicht umhin, in den Unternehmer*innen Anwärter*innen auf den Titel Kapitalist*in zu sehen. Doch zunächst sind auch sie Lohnarbei-ter*innen, wie auch Marx feststellen muss. Erst wenn es ihnen gelingt mehr Ei-genkapital zu erwirtschaften, als sie zur Reinvestition in ihr Unternehmen brau-chen, können sie ihr Geld in die Finanzwirtschaft „arbeiten" schicken. Erst dann werden aus unternehmerisch tätigen Lohnarbeiter*innen Kapitalist*innen.

Auch wenn Marx im 3. Band des Kapitals vielschichtig über Geld nachdenkt, kommt er im Kern über die Werttheorie des 1. Bandes nicht hinaus. Kapitalist ist für Marx der, der Kapital *im Produktionsprozess* verwertet. Eigentum außerhalb des Produktionsprozesses wird nicht problematisiert. Denn Kapitaleigentum kann für Marx keine eigenständige Profitquelle losgelöst von Warenproduktion sein. Es gibt Hinweise, dass Marx selbst an der Londoner Börse spekulierte.[31] Falls ja, wa-ren seine Spekulationen nicht erfolgreich. Vielleicht sah er auch deshalb allein in der Warenproduktion die Quelle des Mehrwerts und damit des Profits. So oder so bleibt die fehlende Antwort auf seine Frage nach der Quelle der Differenz zwi-schen G und G' bis zum Ende spürbar. Marx konnte das Neue im kapitalistischen Geldsystem, die Kreditgeldschöpfung nicht erkennen. Zu dicht war der Schleier, der über allem lag. Noch heute durchdringen Akteur*innen und Profiteur*innen nur selten die Struktur des Finanzsystems.

Da Marx nicht im Kapitaleigentum, sondern allein in der Kapitalverwertung den Ursprung des Mehrwertes sah, verfügte sein "fungierender Kapitalist" nicht zwingend über Kapital, aber in jedem Fall über die Produktionsmittel. Infolge des-sen sehen Marxist*innen im Eigentum an Produktionsmitteln bis heute die Ur-sache der Ausbeutung. Das Scheitern der Sozialismusexperimente sowie ander-weitiger Vergesellschaftungsprojekte haben nichts an dieser Grundorientierung geändert. Die Profitgenerierung an den Finanzmärkten muss Marxist*innen bis heute als Buch mit sieben Siegeln erscheinen. Zwar gibt es im 3. Band auch ein Kapitel „Kredit und fiktives Kapital". Doch es beginnt bereits mit der Erklärung:

„Die eingehende Analyse des Kreditwesens und der Instrumente, die es sich schafft (Kreditgeld usw.), liegt außerhalb unseres Planes."[32] Es nutzt nichts, wenn Marx fortfährt: „Es sind hier nur einige wenige Punkte hervorzuheben, notwendig zur Charakteristik der kapitalistischen Produktionsweise überhaupt." Weil eine „eingehende Analyse des Kreditwesens" ausbleibt, gelingt es Marx nicht „zur Charakteristik der kapitalistischen Produktionsweise" vorzudringen. Da Marx viel geschrieben hat, mögen sich andernorts Gedanken finden, die der Rolle des Geldes im Prozess der Profitakkumulation nachgehen. Doch die Idee des Marxismus ist davon unberührt geblieben. Für Marxist*innen bleibt das Eigentum an Produktionsmitteln die zentrale Frage im Klassenkampf. Bevor wir die Rolle der Produktionsmittel im Prozess der Profitgenerierung genauer betrachten, möchte ich den Kapitalbegriff hinterfragen.

Kapitalismus

Im Kapitalismus ist wirtschaftliches Handeln fehlgesteuert. Denn Ziel wirtschaftlichen Handelns ist es nicht nur, Einkommen zur Befriedigung realer Lebensbedürfnisse zu erwerben, sondern zusätzliches Einkommen zum Aufbau von Eigenkapital. Diese ursprüngliche Akkumulation von Geldvermögen findet ihre Legitimation zunächst in der Vorfinanzierung der Produktion. Aus der Notwendigkeit zur Eigenkapitalbildung entsteht **Profitstreben**. Parallel dazu besteht an den Finanzmärkten die Möglichkeit zur Selbstvermehrung von Kapital. Spätestens wenn der realwirtschaftliche Bedarf an Investitionsmitteln gesättigt ist, fließt überschüssiges Kapital an die Finanzmärkte, um außerhalb der Realwirtschaft und unabhängig von ihr zu wachsen. Aus der Möglichkeit zur Selbstvermehrung von Kapital entsteht **Profitgier**.

Sinn der Selbstvermehrung des Kapitals ist es zunächst, arbeitsloses Einkommen für die Befriedigung realer Konsumbedürfnisse zu erwerben. Bei großen Vermögen wird die Kapitalvermehrung schließlich reiner Selbstzweck und verliert jedes Maß. Es fehlt jede universitäre Theoriebildung, die die Mechanismen der Selbstvermehrung des Kapitals erklärt und jedes Interesse, über den Sinn dieser Selbstvermehrung nachzudenken.

Profit entsteht grundsätzlich außerhalb der Produktionssphäre in der Zirkulation (Distributionssphäre). Er ist nur möglich durch eine Geldschöpfung unabhängig von Warenproduktion. Im Übergang vom Feudalismus zum Kapitalismus war diese Profitquelle die Geldschöpfung des Adels und des Klerus. Diese feudale Geldschöpfung bestand bis zur bürgerlichen Revolution neben der im Frühkapitalismus entstandenen Kreditgeldschöpfung der Großkaufleute fort. Sie wurde befördert durch den Zufluss von Edelmetall aus der „Neuen Welt" – aus Amerika.

Spätestens im 19. Jahrhundert verschwand in Europa die feudale Geldschöpfung schleichend und von der Volkswirtschaftstheorie unbemerkt. Seitdem findet Geldschöpfung unabhängig von der Warenproduktion allein durch Kreditgeldschöpfung statt. Es gibt sie in allen Sektoren der Volkswirtschaft. Im Unternehmenssektor ist das die Geldschöpfung für Investitionen. Sie schafft in jungen Volkswirtschaften mit großem Investitionsbedarf eine enorme Dynamik. Da in dieser Phase zunächst keine staatliche Intervention nötig ist, entsteht die Illusion eines funktionierenden Systems. Auf diese Phase wird in der später zwangsweise einsetzenden Dauerkrise immer wieder verwiesen. In Deutschland war das die Phase des Wirtschaftswunders. Schon der Begriff verdeutlicht, dass dies kein Normalzustand ist. In dieser Zeit wurde der Begriff der sozialen Marktwirtschaft geprägt. Soziale Marktwirtschaft ist bis heute Inbegriff der Vision eines humanen Kapitalismus und Vorbild für alle Reformbemühungen innerhalb des Kapitalismus. Doch Kapitalismus ist keine Markt-, sondern immer Monopolwirtschaft. Spätestens wenn der realwirtschaftliche Investitionsbedarf gesättigt ist (d. h. nicht weiter kontinuierlich expandiert), muss andere Geldschöpfung unabhängig von Warenproduktion stattfinden. Wegen der Notwendigkeit von ständig steigendem Geldmengenwachstum funktioniert Kapitalismus wie ein Kettenbriefsystem, das immer wieder unkontrolliert in die Krise gerät. Wegen des ständigen – sich stetig beschleunigenden Geldmengenwachstums – gerät im Kapitalismus nach und nach *alles* in einen Vermarktungszwang.

Quellen für eine Geldschöpfung unabhängig von Warenproduktion sind:

1. Investitionskredite im Unternehmenssektor zur Finanzierung von Anlagen für eine erst nach ihrer Fertigstellung einsetzende Warenproduktion
2. Private Verschuldung im Sektor der Haushalte, vorzugsweise für den privaten Hausbau bzw. Eigentumserwerb, aber auch für Konsumkredite
3. Kreditaufnahme im Staatssektor, also Staatsverschuldung
4. Innerbankenkredite im sogenannten Finanzierungssektor, sie bewirken ein Geldmengenwachstum innerhalb des Bankensystems
5. Auch Kreditaufnahmen aus dem Ausland zur Finanzierung von Importen sind aus der Binnensicht der exportierenden Volkswirtschaft oft Geldschöpfung jenseits von Warenproduktion.

Innerbankenkredite pumpen immer wieder Finanzblasen auf. Ein Bruchteil der hier entstehenden Geldmenge fließt in die Realwirtschaft, durch:

- Konsumausgaben von Investmentbanker*innen,
- Konsumausgaben von Rentner*innen allen Alters, die Kapitalrenten beziehen,
- Staatsausgaben, die durch Privatisierungserlöse finanziert wurden.

In der letzten Phase des Kapitalismus wird die Finanzwirtschaft zur Geldquelle der Realwirtschaft. Das kapitalistische Geld- und Eigentumssystem schafft immer extremere Ungleichverteilung, u.a.: Hunger *und* Fettleibigkeit; Lohnsklaverei einschließlich Kinder- und Sklavenarbeit *und* Arbeitslosigkeit; Kapitaleinkommen, die in nur einer Stunde höher sind als Arbeitseinkommen eines ganzen langen Arbeitslebens. Um diesem krankmachenden Verteilungssystem zu entkommen, müssen wir u.a. die Regeln für die Geldversorgung der Wirtschaft neu denken.

6.4. Das Kapital – Ein elegantes Mittel zum Raub

Bereits Marx unterscheidet zwischen Geld und Kapital. Kapital ist für ihn Geld, das die Bankiers von denen einsammeln, die „keine unmittelbare Verwendung dafür haben"[33]. Geld bleibt hingegen Geld, wenn es sich die Eigentümer*innen auszahlen lassen, weil sie es für ihre „Konsumauslagen brauchen."[34]

Der Unterschied zwischen Kapital und Geld besteht für Marx also in seiner Verwendung. Kapital wird direkt (durch die Eigentümer*innen) oder indirekt (durch Kreditnehmer*innen) im Produktionsprozess verwertet und dadurch vermehrt. Geld dient dem Konsum.

Ich teile in diesem Punkt Marx' Definition von Geld. Auch sehe ich wie Marx den Unterschied zwischen Geld und Geldkapital in der Verwendung des Geldes. Allerdings sehe ich, dass die Kapitalvermehrung außerhalb der Produktionssphäre stattfindet – in der Zirkulations- bzw. Verteilungssphäre. Ich habe versucht, dies in den beiden vorangehenden Kapiteln zu zeigen. Darüber hinaus sehe ich die Möglichkeit, Geldkapital nicht nur direkt in Unternehmen, sondern auch in Vermögenswerte zu investieren. Erst bei der letzten Geldverwendung sehe ich die Umwandlung von Geld in Kapital. Denn erst Vermögenswerte in Form von Boden, Immobilien, Wertpapieren, Patentrechten u. ä. können ein arbeitsloses Einkommen abwerfen. Die Geldverwertung in der Produktionssphäre kann mir zwar auch Profit einbringen (also mehr Geld als ich zum Leben brauche). Aber wie ich es auch drehe, dies ist kein arbeitsloses Einkommen für die Unternehmer*innen. Sie leisten etwas für diese Einkommen. Es ist nur arbeitsloses Einkommen für Kapitalgeber*innen außerhalb des Unternehmens. Sie, die Unternehmensanteile als Vermögenswerte gekauft haben, ziehen aus diesen ein arbeitsloses Einkommen. Nun ließe sich sagen, ihr Spargeld ist Voraussetzung dafür, dass das Unternehmen investieren konnte und in der Folge produzieren kann. Das stimmt nur scheinbar. Denn Aktienbesitzer*innen haben ihr Geld gerade nicht ins Unternehmen gesteckt, sondern in Wertpapiere. Durch ihren Aktienkauf haben sie nur die Schuldscheine erworben, die die Bank parallel zur Kreditvergabe an das Unternehmen erschaffen hat. Die Bank hat das Unternehmen durch Geldschöpfung finanziert, nicht die Aktionär*innen durch ihre Kapitalanlage. Investmentbanking trägt primär nicht zur Finanzierung der Realwirtschaft bei, denn der Handel mit Wertpapieren ist nur ein Handel mit Schuldscheinen. Börsen ermöglichen es Unternehmen Kredite aufzunehmen, die sie nicht tilgen müssen, da sie ihre Schulden in Aktien verwandeln. Für so verewigte Schulden, müssen sie entsprechend ewig Dividenden zahlen.

Nach dieser Stippvisite an die Börsen kehren wir in die Realwirtschaft zurück. Natürlich braucht ein Unternehmen Spargeld, um investieren zu können, auch wenn Banken ihnen aus dem Nichts geschaffenes Geld verleihen. Das Unternehmen braucht Geld, für das sich seine Angestellten verfügbare Waren kaufen können. Möglich ist das nur, wenn dem geliehenen, frisch geschöpften Geld der Banken Spareinlagen gegenüberstehen, die entstanden sind, weil produzierte Waren noch nicht gekauft wurden, so dass unverkaufte Waren auf dem Markt verfügbar sind. Aus Arbeitseinkommen erworbene Sparguthaben sind deshalb die einzig sinnvolle Grundlage für Investitionskredite.

Was bisher nur Silvio Gesell[35] gesehen hat, ist dabei der Fakt, dass das Spargeld wertlos geworden wäre, wenn das Unternehmen dieses Geld nicht geliehen und für Investitionen verwendet hätte.[L] Genau deshalb ist ein Anspruch auf Sparzinsen

---

[L] Ein kurzes Beispiel zur Veranschaulichung: Auf einer Insel gibt es zwei Unternehmen. Das eine backt, das andere stellt Käse her. Beide füllen ihre Geschäfte und bezahlen ihre Angestellten. Alle Angestellten sparen 50 % ihres Gehalts. Entsprechend bleiben 50 % Brot und Käse unverkauft. Da strandet ein Schiff. Die Schiffbrüchigen leihen sich glücklich das gesamte Spargeld, kaufen Brot und Käse und bauen später Tische und Stühle. Bäcker*innen und Käsehersteller*innen heben ihr Spargeld ab und kaufen Tische und Stühle. Die Schiffbrüchigen können nach Verkauf ihrer Möbel das geliehene Geld zurück zahlen und alle sind glücklich. Was wäre geschehen, wenn das Schiff nicht gestrandet, wenn niemand Kredit gebraucht hätte? Brot und Käse wären verdorben und das Spargeld auf der Bank wäre wertlos geworden.
Wir haben völlig den Blick dafür verloren, dass Sparen nur Sinn macht, wenn es Nachfrage nach Spargeld gibt. Ohne diese Nachfrage verliert das Spargeld seinen Wert, genauso wie die dafür produzierten Waren durch längere Lagerung wertlos werden. Wegen des heutigen Überangebotes an Spargeld wollen die Sparkassen und Banken genau deshalb negative Zinsen einführen. In der Nachkriegszeit wurde Sparen zu Recht durch hohe Zinsen belohnt, weil die Nachfrage nach Kredit (also indirekt nach Konsumgütern) höher war als das Angebot. Sparen bedeutete damals tatsächlich Konsumverzicht und es wurde zu Recht durch Zinsen belohnt. Heute ist es umgekehrt und Sparer*innen sollten froh sein, wenn sich Kreditsuchende finden. Solange es weit mehr Spargeld als Kreditnachfrage gibt, kann es real nicht nur keinen Zins geben, der Wert des Spargeldes schwindet auch, genauso wie der Wert des Brotes und des Käses verschwindet. Wir haben nie gelernt, Geldwert und Warenwert zusammen zu denken. Für ein wirkliches Verständnis von Geld und Ökonomie ist gerade das jedoch unabdingbar.

(eine Art Kapitaleinkommen) bestenfalls in Zeiten gerechtfertigt, in denen die Kreditnachfrage das Sparvolumen übersteigt. Ein ewiger Anspruch auf ein Kapitaleinkommen ist hingegen Ausbeutung. Die Idee aus dem Kauf von Eigentum einen ewigen Anspruch auf Kapitalrente abzuleiten, reicht bis zur Entstehung des Eigentums zurück. Betrachten wir die beiden Formen der Kapitalverwertung genauer – die Marxsche Verwertung im Produktionsprozess und meine Definition der Kapitalverwertung durch Kauf von Vermögenswerten. Wie schon gezeigt, kann es im Produktionsprozess zwar zum Verwerten, nicht aber zum Vermehren des Geldkapitals kommen. Zum Vermehren des Geldkapitals ist eine Geldschöpfung unabhängig von der Warenproduktion erforderlich. Erst eine derartige Geldschöpfung ermöglicht es dem Kohlebaron, seine Kohlen mit Profit zu verkaufen. Je umfangreicher diese Geldschöpfung unabhängig von der Warenproduktion ist, umso leichter fällt es ihm, auch Eigenkapital zu akkumulieren. Dadurch kann er vom Unternehmer zum Kapitaleigentümer aufsteigen. Marx sieht in ersterem, ich hingegen in letzterem den eigentlichen Kapitalisten. Denn erst für ihn, den Kapitaleigentümer, der sein Kapital jenseits des Produktionsprozesses verwerten und vermehren kann, beginnt das Schlaraffenland arbeitslosen Konsums. Vergleichen wir beide Verwertungsprozesse, um den Unterschied zu veranschaulichen: Unternehmer*innen müssen Geld ausgeben, um die Produktion vorzufinanzieren. Sie haben für dieses Geld Material und Arbeitskräfte sowie Energie und sonstige für Produktion und Vertrieb nötige Dienstleistungen eingekauft. Erst durch den erfolgreichen kompletten Absatz ihrer Produkte haben sie ihren Verwertungsprozess vollendet.

Kapitalanleger*innen leiten kein eigenes Unternehmen. Sie legen ihr Kapital nicht in Material und Arbeitskräften etc., sondern in Wertpapieren an. Sie müssen nicht warten, bis die vorfinanzierte Produktion abgesetzt ist, um ihren Gewinn zu realisieren. Sie tragen kein Risiko bis zum Absatz ihrer Produkte. Sie können jederzeit aus der "Produktion" von beispielsweise Autos aussteigen, um in neue Antibiotika zu investieren, weil da gerade größere Gewinne zu erwarten sind. Ohne Zweifel tragen auch Kapitalanleger*innen ein Risiko, doch es ist das Risiko von Spieler*innen, nicht von Unternehmer*innen. Letzteres verdient moralische und monetäre Anerkennung, ersteres nicht. Echte Unternehmer*innen tragen jeden Tag Verantwortung für den Produktionsprozess und die Organisation des Unternehmens. Sie stehen, wie bereits gezeigt, im Spannungsfeld, zwischen den Bedürfnissen ihrer Angestellten und den Erwartungen ihrer Geldgeber*innen vermitteln zu müssen. In ihnen den Ausgangspunkt der Ausbeutung des Menschen durch den Menschen zu sehen, scheint mir verfehlt.

Ich sehe die Ursache der zahlreichen Probleme, die der Kapitalismus geschaffen hat, nicht in der kreativen Tätigkeit von Unternehmer*innen. Ich sehe die Ursache dieser Probleme in der Möglichkeit zur verantwortungslosen Selbstvermeh-rung von Kapital an den Finanzmärkten. An den Börsen sowie durch direkten Kauf von Vermögenswerten kann arbeitsloses Einkommen generiert werden. Da dieses Einkommen zugleich Geld und Geldkapital sein kann, können dafür so-wohl realwirtschaftliche Güter als auch weitere Vermögenswerte gekauft werden. Übersteigt das Kapitaleinkommen die realen Bedürfnisse, kommt es zu einer Art Zinseszinseffekt. Denn indem Kapitaleinkommen in weitere Vermögenswerte in-vestiert werden, erhöht sich die Kapitalbasis für das künftige Kapitaleinkommen. Im Kapitel 4.5 (Amazon) wurde gezeigt, wie wir alle durch diese sich selbst ver-mehrenden Kapitaleinkommen enteignet werden. Durch Privatisierung unserer Lebensgrundlagen sind wir gezwungen, für ihre Nutzung stetig Gebühren abzu-führen. Dadurch übereignen wir uns und unseren Planeten einigen wenigen Indi-viduen. Sie – die Kapitaleigentümer*innen, nicht die in der Realwirtschaft unter-nehmerisch Tätigen – sind in meinen Augen die wirklichen Kapitalisten.

6.5. Die Produktionsmittel – Mittel zur Ausbeutung?

Werfen wir trotzdem noch einen Blick auf das Eigentum an Produktionsmit-teln. Zu tief verwurzelt ist der Glaube, hier die Quelle der Ausbeutung zu finden. Tatsächlich können Produktionsmittel Sachkapital und damit Quelle arbeitsloser Kapitaleinkommen sein. Ob Produktionsmittel nur Mittel zum Zweck der Waren-produktion oder Mittel zur Generierung arbeitslosen Einkommens sind, darüber entscheidet die Verwendung der betrieblichen Einnahmen. Im vorherigen Kapitel wurde der Unterschied zwischen Geld und Geldkapital herausgearbeitet. **Geld** bleibt Geld, wenn es für Waren und Dienstleistungen ausgegeben wird. Geld ver-wandelt sich in **Geldkapital**, wenn es für Vermögenswerte im Sinne von Kapi-taleigentum ausgegeben wird.

Im Kapitel 5.3 (Wie sinnvoll ist Eigentum?) wurde der Unterschied zwischen Kapitaleigentum und Besitzeigentum definiert. Um zu entscheiden, wann Produk-tionsmittel nur Mittel zur Produktion bzw. schon Mittel zur Ausbeutung sind, müssen wir folglich die Verwendung der betrieblichen Einnahmen betrachten. Werden Teile der Einnahmen zum Kauf von Vermögenswerten verwendet, be-ginnt mit der Abwanderung von Geld aus der Real- in die Finanzwirtschaft die Ausbeutung.

Werden betriebliche Einnahmen hingegen vollständig verkonsumiert bzw. re-investiert, dann sind die Produktionsmittel nichts anderes als Mittel zum Zweck der Warenproduktion bzw. der Erbringung von Dienstleistungen. Das Ineinander-greifen von Eigentumsform und Geldform soll an einem Beispiel verdeutlicht werden.

Nehmen wir an, ich habe ein Auto. Dieses Auto ist mein Privateigentum im Sinne von Besitzeigentum. Es steht somit zu Recht unter dem Schutz des Eigentums. Nun gründe ich ein Taxiunternehmen. Ich möchte mein Auto rund um die Uhr im 3-Schicht-Betrieb als Taxi nutzen. Deshalb stelle ich zwei Fahrer*innen ein. Mein Auto ist zum Produktionsmittel geworden. Ob es noch Besitz- oder schon Kapitaleigentum ist, hängt von der Gewinnverwendung ab. Verwende ich den gesamten betrieblichen Gewinn, um mir und meinen Fahrer*innen ein Gehalt auszuzahlen und die Selbstkosten für das Auto zu finanzieren, bleibt mein Auto Besitzeigentum. Zumindest, solange ich mein Gehalt nicht zum Kauf von Kapitaleigentum verwende. Dass mein Gehalt höher ist als das meiner Fahrer*innen, ist kein Hinweis auf Ausbeutung. Schließlich trage ich nicht nur die Verantwortung für Unterhalt und Pflege des Autos, ich muss auch die gesamte Buchhaltungs- und Verwaltungsarbeit erledigen. Sofern ich hierfür eine Bürokraft einstelle, sinkt mit meinem Arbeitsaufwand auch mein Gehalt, ohne dass das Gehalt meiner Fahrer*innen steigt.

Natürlich kann in jedem Unternehmen über Verteilungsgerechtigkeit diskutiert werden. Zweifelsfrei gibt es faire und unfaire Löhne. Auch kann eine als ungerecht empfundene Einkommensverteilung in einem Unternehmen als Ausbeutung erlebt werden. Solange hohe Einkommen lediglich zu Luxus oder Verschwendung führen, sollten moralische und ökologische Debatten geführt werden. Auch können Angestellte motiviert werden ihren Arbeitsplatz zu wechseln. Da ohne volkswirtschaftliche Kreislaufstörung keine Tendenz zur Massenarbeitslosigkeit besteht, wird ein Arbeitsplatzwechsel vergleichsweise leichtfallen. Durch Weggang der Arbeitskräfte gerät das Unternehmen, das gefühlt unfaire Löhne zahlt, wahrscheinlich unter Druck. Folglich werden die Löhne in diesem Unternehmen voraussichtlich steigen.

Führen hohe Einkommen jedoch zur Störung des volkswirtschaftlichen Geldkreislaufes, weil privat akkumuliertes Geld im Kreislauf als Tauschmittel fehlt, müssen ökonomische Debatten geführt werden. Denn das Herausziehen von Unternehmenseinnahmen aus der Realwirtschaft schafft volkswirtschaftlichen Mangel an Lohngeldern und dadurch Arbeitslosigkeit. Erst dieser volkswirtschaftliche Mangel an Lohngeldern zwingt Arbeitskräfte unfaire Löhne zu akzeptieren.

Entscheidend für die Frage nach der Bedeutung der Produktionsmittel im Prozess der Ausbeutung ist allein, wie die notwendigerweise zu bildenden Rücklagen verwendet werden. Hier stoßen wir wieder auf das Problem des Eigenkapitals. Erst das Streben nach Eigenkapital über den betrieblichen Bedarf hinaus führt dazu, dass aus meinem Besitzeigentum an Produktionsmitteln Kapitaleigentum wird. Produktionsmittel, die sich in den Händen verantwortlich tätiger Unternehmer*innen befinden, sind solange Besitzeigentum, solange die mit ihnen erwirtschafteten Gewinne im Unternehmen bzw. in der Realwirtschaft verbleiben. Allein dieses Kriterium entscheidet über die Rolle von Produktionsmitteln im Verteilungsprozess. Die Verwandlung von Besitzeigentum in Kapitaleigentum hat ihre Ursache jedoch nicht im Produktionsprozess, sondern in den Kreditgesetzen.

Solange Banken Eigenkapital statt Eigenleistung als Sicherheit verlangen, sind Unternehmen zu Kapitalakkumulation regelrecht gezwungen. Solange Finanzmärkte darüber hinaus die Möglichkeit bieten, dieses Kapital sich selbst vermehren zu lassen, ist Geldakkumulation doppelt attraktiv und zudem grenzenlos möglich. Die Enteignung der Produktionsmittel kann diese Probleme nicht lösen. Eine wirkliche Lösung erfordert neue Kreditregeln und neue Eigentumsgesetze.

Die Werttheorie beschreibt die Wertschöpfung im Produktionsprozess. Vor dem Hintergrund der explodierenden Warenproduktion zu Beginn der Industrialisierung kann ihre enorme Akzeptanz nicht verwundern. Zu alles verschlingend erschien die Industrialisierung. Denken wir an Filme wie Charlie Chaplins „Moderne Zeiten": Der Mensch geriet ins Räderwerk der Maschinen. Trotzdem – so sehr die Umwälzung der Produktionsverhältnisse das gesamte gesellschaftliche Gefüge auch erschütterte – die Quelle der Ausbeutung findet sich nicht im Produktionsprozess, sondern in der Zirkulationssphäre. Geldschöpfung unabhängig von Warenproduktion und Geldverwendung außerhalb der Realwirtschaft bilden den Nährboden der Selbstvermehrung des Kapitals wie der Generierung arbeitsloser Einkommen. Beides, Kapital und Kapitaleinkommen, sind die Mittel, mit denen wir von unseren Lebensgrundlagen enteignet werden. Hier müssen wir den Hebel ansetzen, um die Ausbeutung des Menschen durch den Menschen zu beenden.

6.6. Die Arbeiterklasse – Kein Ende der Geschichte

Neben der sich rasant ausbreitenden Maschinenwelt wurde das 19. Jh. auch von neuen Theorien geprägt. Die ein Weltbild erschütternde Darwinsche Evolutionstheorie hat Marx' Geschichtsbild wesentlich beeinflusst. Vor dem Hintergrund der französischen Revolution, die die Welt des Ancien Régimes zertrümmerte, entstand ein neues Verständnis von Geschichte. Plötzlich war Geschichte nicht nur eine Abfolge von Dynastien. Sie bekam eine Richtung und schien ein Ziel zu haben. Von der Menschwerdung des Affen bis zur industriellen Revolution, von der archaischen Gesellschaftsordnung der Sammlerinnen und Jäger zur bürgerlichen Gesellschaft, gerade frisch befreit von den Fesseln des feudalistischen Ständestaates, schien es eine klare Entwicklungslinie zu geben. Inzwischen liefert die Geschichtswissenschaft Hinweise, dass die menschliche Entwicklung nicht gradlinig verlaufen ist. Es gab immer wieder Zusammenbrüche ganzer Kulturen, verbunden mit einem Verlust von Wissen, der uns Rätsel aufgibt. Auch die

Geldwirtschaft ist immer wieder zusammengebrochen und hat sich danach neu entwickelt, wie in der Geschichte des Eigentums skizziert wurde. Die teilweisen Rückfälle in Tauschwirtschaft gingen oft mit katastrophalen soziokulturellen Zusammenbrüchen einher.

Doch all das konnte Marx noch nicht wissen. Die epochalen Umwälzungen in Gesellschaft, Wissenschaft und Wirtschaft, die er erlebte, schienen Darwins Idee einer gerichteten Entwicklung vom Niederen zum Höheren zu bestätigen. Vor diesem Hintergrund muss Marx' Idee einer Entwicklung hin zu einer klassenlosen Gesellschaft gesehen werden. Unabhängig von der Frage, ob wir auf eine klassenlose Gesellschaft zustreben oder nicht, scheint die führende Rolle der Arbeiter*innenklasse innerhalb der Geschichte inzwischen fragwürdig.

Es ist verständlich, dass Marx die sich in seiner Zeit neu herausbildende Klasse als faszinierendes historisches Phänomen wahrnahm. Heute erleben wir das Verschwinden der Arbeiter*innenklasse im Zuge der Automatisierung und Digitalisierung des Produktionsprozesses. Industrie 4.0 – der Bau vollautomatischer Fabriken – wird den Niedergang der Arbeiter*innenklasse vollends besiegeln. Natürlich fällt es schwer, sich aus der Geschichte zu verabschieden, wenn einem einst eine historische Mission angedichtet wurde. Doch es ist an der Zeit aufzuwachen und die Zeichen der Zeit nicht länger zu ignorieren.

Die Arbeiter*innenklasse ist schon lange in Auflösung begriffen. Der Erhalt von Industriearbeitsplätzen wird zum ökologischen Alptraum. Sollbruchstellen und geplanter Verschleiß (Obsoleszenz) erfüllen den Zweck die industrielle Warenproduktion unter sinnlosem Rohstoffverbrauch am Laufen zu Halten. Werbung erzeugt sinnlose Konsumbedürfnisse. Die Ideologie von der geschichtsträchtigen Rolle der Arbeiterkasse hält Produktionsverhältnisse am Leben, die sich inzwischen technisch überlebt haben. Weit schwerer wiegt der ökologische Wahnsinn, der aus dem Erhalt von Industriearbeitsplätzen folgt. Radikales Umdenken ist notwendig. Die Industrie muss im Interesse des Erhaltens unserer Lebensgrundlagen an ihrer Selbstabschaffung arbeiten, indem sie möglichst unkaputtbare Gebrauchsgüter erzeugt, so dass Produktionsstätten nach und nach geschlossen werden können. Das erfordert auch eine radikale Wandlung unserer Arbeits- und Lebenswelt. Aus Arbeiter*innen sollten wieder Handwerker*innen werden, die den Bestand an Gebrauchsgütern mit möglichst geringem Ressourcenverbrauch funktionstüchtig erhalten. In einer absehbar langen Übergangszeit gibt es zudem reichlich Arbeit im Bereich der Renaturierung.

Mit der Auflösung bzw. dem Verschwinden der Arbeiter*innenklasse „droht" keineswegs das „Ende der Arbeit". Arbeit ist weit mehr als Industriearbeit. Ein ökologischer Umbau der Landwirtschaft würde erfordern, dass chemische Kampfstoffe (Insektizide, Pestizide, Fungizide und Konservierungsstoffe) zumindest teilweise durch mehr lebendige Arbeit ersetzt werden. Notwendige und sinnvolle Arbeit gibt es darüber hinaus nicht nur im Umweltschutz, sondern langfristig im Erhalt und Ausbau der Infrastruktur, im Umbau des Verkehrs- und Transportsystems. Bekannt ist der jetzt schon große Arbeitskräftebedarf im Sozial-, Gesundheits- und Bildungswesen. Verzicht auf Verpackung würde zudem wieder mehr Arbeitskräfte im Handel erfordern.

Wenn wir zudem die Arbeitszeit auf 4 Stunden am Tag oder 3-4 Tage in der Woche verkürzen, werden wir trotz Wegfall von Industriearbeitsplätzen keine Massenarbeitslosigkeit, sondern Vollbeschäftigung erleben. Natürlich erfordert das berufliche Umorientierung sowie höhere Lohneinkommen zu Lasten verschwindender Kapitaleinkommen.

Wir müssen wirklich keine Angst vor einem Ende der Arbeit haben. Es gibt ausreichend sinnvolle, notwendige und ökologisch vertretbare Arbeit. Arbeit ist nicht knapp. Knapp sind lediglich die Lohngelder, wie bereits beschrieben. Der Mangel an Lohngeldern ist jedoch keine Folge von Geldmangel. Geld gibt es im Überfluss.

Wir leben in einer Welt, in der massenhaft unbeschäftigte Arbeitskräfte, massenhaft ungetane Arbeit und massenhaft unproduktives Geld nebeneinander existieren. Es ist höchste Zeit all dies sinnvoll zusammen zu bringen. Das krampfhafte, reflexartige Festhalten an Industriearbeitsplätzen löst dieses Problem nicht. Im Gegenteil, es verschärft die ökologischen Probleme und be-, ja verhindert ein Umdenken und einen Umbau der Wirtschaft. Die Ursachen auch dieser Probleme liegen einmal mehr in der Verteilungssphäre. Die Lösung erfordert eine Neuordnung des Geldwesens.

6.7. Die Klassenfrage – Ein Schichtenproblem

Bekannt ist, dass Marx in der bürgerlichen Gesellschaft zwei Klassen in antagonistischem Widerspruch sah. Dieses Zweiklassenmodell markiert bis heute die Fronten in den Arbeitskämpfen. Dabei übersehen wir, dass Unternehmer*innen oder angestellte Manager*innen oft durch ihre Kapitalgeber*innen gezwungen werden, Umstrukturierungen vorzunehmen, die ihren eigenen Vorstellungen von Unternehmensführung widersprechen. Da sie als Vertreter*innen der Kapitaleigentümer*innen oft mehr als gut bezahlt werden, betrachten wir sie als Teil der Klasse der Ausbeuter*innen. Wahrscheinlich sehen auch sie selbst sich mehr der Oberschicht als der Mittelschicht zugehörig.

Doch die hohen Gehälter verdienen sich angestellte Manager*innen als "Sklaventreiber*innen" im Dienst der Kapitaleigentümer*innen. Sie werden dafür bezahlt, in den Arbeitskämpfen an der Frontlinie zu stehen. Die kleine Schar der

Manager*innen verstellt uns den Blick auf die eigentlichen Entscheidungsträger*innen, die Nutznießer*innen, die Machthaber*innen des Systems. Die exorbitanten Gehälter dieser kleinen Schar verschleiern, dass sie nur Erfüllungsgehilf*innen im Dienst der eigentlichen "Sklavenhalter*innen" sind. Allerdings lockt sie das Versprechen des Aufstiegs.

Indem Marx den Ursprung der Ausbeutung in der Produktionssphäre sieht, entlarvt er gerade nicht den Antagonismus zwischen Kapital und Arbeit. In diesem Konflikt stehen die Kapitaleigentümer*innen den Besitzer*innen von Arbeitskraft gegenüber. Die verantwortlichen Akteur*innen im Produktionsprozess – die Unternehmer*innen – sind dabei nur die Verwerter*innen des Kapitals. Dass sie als solche einen lukrativen Anteil am Kapitalertrag erhalten, kann nicht darüber hinwegtäuschen, dass sie im Gegensatz zu den Eigentümer*innen des Kapitals für ihr Einkommen Arbeit leisten. Diese Arbeit mag überbezahlt sein, diese Arbeit mag in Teilen unsozial sein. Ein wesentlicher Bestandteil ihrer Arbeit ist aber die Organisation der Produktion. Sie schaffen damit die Basis für den Wohlstand einer Gesellschaft. Zweifelsfrei stehen sie dabei im Konflikt, zwischen den Kapitalinteressen und den Interessen ihrer Angestellten vermitteln zu müssen. Es liegt dabei nur zum Teil in ihrer persönlichen Entscheidungsfreiheit, auf welche Seite sie sich in diesem Konflikt schlagen. Doch unabhängig von diesem moralischen Konflikt, sind sie – wie selbst Marx feststellen musste – Lohnarbeiter.

Subjektiv mögen sie sich als Teil der Klasse der Kapitaleigentümer*innen betrachten, objektiv gehören sie der Klasse der Lohnempfänger*innen an. Allerdings zeigt gerade diese soziale Schicht, wie unzureichend das Modell einer Zweiklassengesellschaft ist. Denn tatsächlich gehören die Manager*innen und Unternehmer*innen oft gleichzeitig der Klasse der Kapitaleigentümer*innen an, da sie einen Teil ihrer oft hohen Einkommen bzw. Einnahmen bereits in Vermögenswerte investiert haben. Somit beziehen sie neben ihrem Arbeitseinkommen oft auch bereits Kapitaleinkommen. Genau das macht sie zu standfesten Verbündeten der Kapitaleigentümer*innen. Um mehr Klarheit zu gewinnen, wo die eigentlichen Frontlinien in der Gesellschaft verlaufen, muss daher genauer hingesehen werden.

Dabei ist ein Blick auf die Eigentumsverhältnisse sinnvoll. Der Unterschied zwischen Kapitaleigentum und Besitzeigentum erzwingt geradezu eine dritte Klasse bzw. Schicht. Denn den Kapitaleigentümer*innen müssen nur Besitzende gegenüberstehen, die ihnen Kapitalrente in Form von Pacht und Miete bzw. Leihgebühr bezahlen. Diese nur Besitzenden bilden für mich die Unterschicht. Dieser Begriff beinhaltet für mich keine Abwertung, sondern beschreibt lediglich die Stellung innerhalb der Eigentumshierarchie. Sie – die nur Besitzenden – müssen in vollem Umfang Kapitaleinkommen an die Kapitaleigentümer*innen zahlen. Zwischen ihnen und den Kapitaleigentümer*innen sehe ich einen antagonistischen

Widerspruch, der in der heutigen Gesellschaft jedoch weitestgehend verdeckt bleibt. Denn zwischen Kapitaleigentümer*innen und nur Besitzenden finden sich in der Eigentumshierarchie die Besitzeigentümer*innen. Sie sind zumindest teilweise frei von Ansprüchen der Kapitaleigentümer*innen. Für ihr Besitzeigentum müssen sie keine Kapitalrente zahlen. Sie bilden in meinen Augen die Mittelschicht. Die Oberschicht besteht dementsprechend aus Kapitaleigentümer*innen. Sie beziehen Kapitalrente.

Dieses Dreischichtenmodell ermöglicht keine klare Frontziehung, denn die Übergänge sind fließend. So finden sich am unteren Rand der Gesellschaft Besitzlose, die nicht mal mehr eine Wohnung besitzen. Als Obdachlose zahlen sie keine Miete und also keine Kapitalrente. Auch die Mittelschicht ist keineswegs homogen, sondern hinsichtlich ihrer realen Besitz- und Eigentumsverhältnisse weit gefächert. In ihr finden sich Besitzeigentümer*innen, die in einer selbstgenutzten Eigentumswohnung leben. In der Mittelschicht finden sich aber auch Kapitaleigentümer*innen mit eigenem Wertpapierdepot, durch dessen Kapitalrente sie ihr Einkommen oder ihre Rente aufbessern. Die eingangs betrachteten Manager*innen und Unternehmer*innen können wahrscheinlich beides vorweisen: Wohneigentum und Wertpapierdepot. Eine eindeutige Einordnung in eine der drei Schichten ist deshalb nur zum Teil möglich. Die Existenz von drei Schichten statt zwei Klassen verhindert eine klare Frontstellung. Ja sie fördert den Fortbestand des Systems, weil sie Bündnisse be- bzw. verhindert.

Eine Möglichkeit, die drei Schichten klarer gegeneinander abzugrenzen, ist eine summarische Betrachtung der Einnahmen und Ausgaben. Alle, deren Kapitaleinkommen gleich Null ist oder doch geringer als das, was sie den Kapitaleigentümer*innen insgesamt an Rendite bzw. Rente zahlen müssen, gehören zur Unterschicht. Alle, deren Kapitaleinkommen in etwa ihren Ausgaben für Kapitalrenten anderer Kapitaleigentümer*innen entspricht, gehören zur Mittelschicht. All jene schließlich, deren Kapitaleinkommen ihre Ausgaben für fremde Kapitaleinkommen übersteigt, gehören zur Oberschicht.

Um die eigene Stellung im Schichtensystem zu bestimmen, müssen wir uns bewusst machen, dass alle Preise auch Kapitalkosten enthalten. Entsprechend fließen Preisanteile als Mietanteile, Dividenden, Zinsanteile o. ä. in Taschen sogenannter Kapitalgeber*innen. Diese sogenannten Kapitalgeber*innen sind, wie weiter oben bereits gezeigt wurde, nur Halter*innen von Schuldscheinen. Doch zurück zu unserer Stellung im Schichtensystem. Wenn die in unseren Konsumausgaben enthaltenen Kapitalkosten höher sind als die Kapitaleinnahmen, die wir aus eigenen Vermögenswerten ziehen, gehören wir zur Unterschicht. Beziehen wir jedoch mehr Kapitaleinkommen als wir anderen durch Preisanteile zahlen müssen, gehören wir zur Oberschicht. Halten sich von uns zu zahlende Kapitalkosten mit unseren Kapitaleinkommen die Waage, sind wir Teil der Mittelschicht. Diese Klassifizierung würde es möglich machen, jedem Menschen einen mehr oder weniger eindeutigen Platz innerhalb der kapitalistischen Eigentumsordnung zuzuweisen. Doch diese Einordnung wäre nicht nur sehr formal, sie hätte sicher auch wenig mit dem persönlichen Empfinden zu tun. So oder so vermag diese Einteilung wohl kaum Solidarbündnisse zu schaffen. Zu sehr sind alle mit ihren persönlichen Ängsten und Kämpfen beschäftigt. Zu sehr hoffen alle, durch Vermögenszuwachs aufzusteigen. Zu sehr fürchten alle, durch scheinbar undurchschaubare gesellschaftliche Mahlkräfte abzusteigen. Der Gedanke, dass dem Kapitaleigentum der strukturelle Kampf angesagt werden muss, um aus diesem Räderwerk heraus zu kommen, ist viel zu abstrakt, als dass daraus Klassenkampf entstehen könnte.

Es sind nicht Menschen, die wir bekämpfen, sondern Strukturen, die wir ändern müssen. Ziel einer solchen Umstrukturierung kann nur eine Gesellschaft ohne Ober- und Unterschicht sein; eine Gesellschaft, die durchgängig aus Besitzeigentümer*innen besteht. Das Ziel einer klassenlosen Gesellschaft sehe ich somit in einer Gesellschaft der Mittelschicht. Um eine solche klassenlose, egalitäre Gesellschaft zu schaffen, müsste die Mittelschicht jedoch – im Kampf um ihren eigenen Erhalt – konsequent die Oberschicht bekämpfen und zugleich der Unterschicht neue Perspektiven eröffnen, in die Mittelschicht aufzusteigen. Die Mittelschicht müsste sich der teile-und-herrsche-Politik der Eliten verweigern. Sie müsste breite Bündnisse über alle soziale Schranken hinweg aufbauen. Und – sie müsste ihre verbleibenden Ressourcen in die Umgestaltung von Wirtschaft, Politik und Gesellschaft investieren. Dann und nur dann besteht Hoffnung nicht in einen Neofeudalismus zurück zu fallen.

Eine egalitäre Gesellschaft kann und wird keine nivellierte Gesellschaft sein, in der Einheitslöhne gezahlt werden. Denn der gesamtgesellschaftlichen Mittelschicht werden Unternehmer*innen und Angestellte angehören. Ihre unterschiedliche Verantwortung bei der Organisation des Produktionsprozesses rechtfertigt deutliche Einkommensunterschiede. Trotzdem werden sich die neuen Schichten nicht mehr antagonistisch gegenüberstehen, denn hinter den Unternehmer*innen stehen dann keine Kapitaleigentümer*innen mehr, die ihre Kapitalrente einfordern. Ein schöner Traum, der verdient geträumt zu werden.

6.8. Die Geschlechterfrage – Keine Nebenbemerkung

Geschlechterverhältnisse werden meist als Machtverhältnisse verstanden. Es ist jedoch irreführend, das Patriarchat als Herrschaft von Männern über Frauen zu betrachten. Denn Geschlechterverhältnisse sind komplexe Ordnungssysteme, die nicht nur durch soziale und ökonomische, sondern auch biologische Aspekte bestimmt werden. In diesem Absatz kann nur ein grober Überblick über die Komplexität dieses Themas gegeben werden. Deshalb muss es den Leser*innen überlassen bleiben, die hier skizzierten Thesen durch weitere Lektüre zu überprüfen. Zunächst werden biologische Aspekte der Geschlechterfrage skizziert. Anschließend werden in einem Ritt durch die menschliche Evolution Indizien zusammengetragen, die für einen mehrfachen Wandel der menschlichen Geschlechterverhältnisse sprechen. Vor dem Hintergrund dieses Bildes wird ein Ausblick auf die weitere Entwicklung gewagt, denn es ist auch in der Geschlechterfrage kein Ende der Geschichte zu erwarten.

Ein Blick in die Natur offenbart eine große Vielfalt an Geschlechterordnungen, die wie alles Existierende jeweils Vor- und Nachteile haben. Ähnlich wie es Frauen und Männer und viel dazwischen gibt, gibt es Matriarchate und Patriarchate und viel dazwischen bzw. beides in starkem Variantenreichtum. Für gewöhnlich kennen wir zwei Sozialordnungen: die patriarchale und die matriarchale. Ich verzichte hier darauf, diese Begriffe zu analysieren und zu differenzieren. Die Natur kennt mindestens noch eine dritte Sozialordnung, die Staatenbildung. Biolog*innen sprechen von Eusozialität, wenn nur ein Weibchen (eine Königin) mit wenigen Männchen und vielen geschlechtslosen Tieren zusammenlebt. Wir denken dabei an Bienen und Wespen. Doch Eusozialität gibt es nicht nur unter Insekten. Bisher ist eine Säugetierart bekannt, die eusozial lebt – die Nacktmulle. Die Sozialordnung der Nacktmulle wirkt wenig anziehend, denn die Machtkämpfe beim Thronwechsel sind äußerst brutal. Tiere verlieren dabei oft Gliedmaßen oder sogar Gehirnteile, die jedoch erstaunlicherweise wieder nachwachsen. Gerade deshalb sind Nacktmulle für Biolog*innen und Mediziner*innen interessant. Sie wollen von Nacktmullen lernen, menschliche Körperteile nachwachsen zu lassen. Hoffentlich müssen wir dazu nicht eusozial werden. Aber hat nicht schon unsere heutige Organtransplantationsmedizin etwas von Eusozialität? Wenn menschliche Organe in fremden Körpern weiterleben, schwingt auch ein Gedanke von Menschenopfern mit. Mindestens dann, wenn arme Menschen eine Niere verkaufen. Organspenden und Organhandel bieten nicht nur deshalb umfangreichen Diskussionsstoff.

Ganz abwegig ist ein Gedanke an eusoziale Menschenopfer auch nicht, wenn wir einen nüchternen Blick auf menschliche Machtkämpfe werfen. Ungezählte Soldaten sind für den Machtanspruch eines Herrschers in den Tod gegangen. Weckt das nicht Assoziationen an Kampftiere in eusozialen Gesellschaften? Hier von Soldaten zu sprechen, würde ein männliches Geschlecht assoziieren, das diese Tiere nicht haben. Kampftiere werden bei Gefahr für den Schutz der Gemeinschaft in den Tod geschickt. Opfer für das Überleben der Gemeinschaft zu bringen, ist auch uns Menschen nicht fremd. Bei Berichten über rituelle Menschenopfer fragen wir uns heute, ob die Geopferten sich geopfert haben oder von der Gemeinschaft geopfert wurden. Für beides lassen sich Beispiele finden. Sozialordnungen haben viele Aspekte und fließende Übergänge.

Doch wir Menschen sind nicht eusozial, sondern leben mehrheitlich, wenn auch nicht ausschließlich in patriarchalen Sozialordnungen. Patriarchate sind unter Säugetieren weit verbreitet. Allerdings unterscheiden sich tierische Patriarchate meist von unserer menschlichen patriarchalen Ordnung. Tiere leben meist in Haremsordnungen. Das heißt, ein Alphamännchen versucht eine Gruppe von Weibchen von sexuellen Kontakten mit anderen Männchen abzuhalten. Mitunter herrscht auch ein Bruderpaar. Ob allein oder zu zweit, es gelingt den Alphatieren nie ganz, fremde sexuelle Kontakte zu unterbinden. Weibchen gehen fremd, möglichst mit Rivalen des herrschenden Alphamännchens bzw. Bruderpaares. Vielleicht schützt das ihre Kinder bei einem Machtwechsel vor der Kindstötung durch das bzw. die neue/n Alphamännchen. Kindstötung – ein trauriges Thema in patriarchalen Sozialordnungen – ist uns Menschen glücklicherweise weitestgehend fremd. Auch gibt es unter Menschen nur noch wenige Haremsordnungen. Dass unser menschliches Patriarchat sich von den patriarchalen Ordnungen der Säugetiere unterscheidet, ist ein erstes Indiz dafür, dass wir unsere patriarchale Ordnung nicht von unseren Vorfahren übernommen haben. Wir Menschen leben heute nicht in einem Patriarchat, weil unsere tierischen Vorfahren patriarchal organisiert waren. Unsere Evolutionsgeschichte bietet einige Überraschungen. Doch zunächst ein Blick auf die Haremsordnung.

Die Haremsordnung hat – wie alles, was existiert – Vor- und Nachteile. Der Vorteil ist etwas, das in uns Menschen schreckliche Assoziationen weckt: Zuchtwahl. Solange es für den Arterhalt von Vorteil ist, wenn die stärksten (und strategisch klügsten) Männchen die meisten Nachkommen zeugen, wird es Haremsordnungen geben. Unter Säugetieren scheint dieser Vorteil zu überwiegen, denn fast alle Säugetiere leben in Haremsordnungen. Die Vorteile der Haremsordnung werden nicht dadurch aufgehoben, dass bei manchen Tieren (z.B. bei Elefanten) die Weibchen in unfruchtbaren Zeiten in reinen Frauengruppen leben. Entscheidend ist, dass sich während der Brunft die stärksten Männchen einen Harem sichern und so für überproportional viel eigenen Nachwuchs sorgen.

Der Nachteil patriarchaler Ordnungen ist die Aggression zwischen den Männchen. Die entsteht vor allem dadurch, dass das Alphamännchen sich bemüht, sexuelle Kontakte anderer Männchen mit seinem Harem zu verhindern. Dieser Aspekt wurde in der Diskussion um die Geschlechterordnung vielfach übersehen. Patriarchat bedeutet immer Kontrolle von Sexualität und damit von Fortpflanzung. Diese Kontrolle führt in Haremspatriarchaten vielfach zum Ausschluss von rangniedrigen Männchen von Sexualität. Auch dieser Aspekt zeigt, dass unser menschliches Patriarchat keine einfache Übernahme aus dem Tierreich ist. Wir Menschen ermöglichen mit der monogamen Ehe theoretisch allen einen Zugang zu Sexualität. Da ein Mann vor einer Eheschließung allerdings in vielen Kulturen nachweisen muss(te), dass er seine Frau materiell versorgen kann, gibt bzw. gab es auch in menschlichen Gesellschaften Auswahl- und Ausschlusskriterien.

Zentrales Element jeder patriarchalen Ordnung ist die Kontrolle von Sexualität. Hieraus ergibt sich Gewaltpotenzial. Mord aus Eifersucht trifft immer wieder Frauen, aber auch Männer und Kinder. Elisabeth Badinter zeigt in ihrem Buch „XY Die Identität des Mannes" jedoch auch, dass unser menschliches Patriarchat eine Erziehung zu Gewalt beinhaltet. Jungen wird beim Eintritt in die Welt der Erwachsenen vorsätzlich Schmerz zugefügt. Männer werden von Männern kontrolliert und diszipliniert. Dabei geht es nicht nur um Kontrolle von Sexualität, sondern auch um soziale Ordnung. Allerdings hängt beides zusammen, denn ein hoher sozialer Status macht Männer für Frauen attraktiver und verschafft ihnen zugleich Macht über sie.

Infolge dieses Zusammenhanges sind die Hauptopfer des Patriarchats männlich! Auch in der menschlichen Gesellschaft sind mehr Männer als Frauen Opfer männlicher Gewalt! Das belegen Statistiken über Gewaltopfer eindeutig. Allerdings blenden wir die Opfer von Konkurrenzkämpfen, Bandenkriegen und militärischen Konflikten in der Geschlechterfrage aus. Auch, dass Männer öfter an Unfällen sterben und dass ihre durchschnittliche Lebenserwartung noch immer geringer als die der Frauen ist, wird nicht als Folge patriarchaler Verhältnisse gesehen. Es zeigt sich jedoch, dass die Lebenserwartung von Männern mit dem Schwinden patriarchaler Geschlechterverhältnisse steigt.

Damit soll patriarchale Gewalt gegen Frauen nicht klein geredet werden. Da Frauen körperlich oft schwächer sind, betrachten wir diese Opfer zu Recht als moralisch verwerflich. Inwieweit sich in der Gewalt von Männern gegen Frauen auch soziale Spannungen entladen, die ihren Ursprung in den sozioökonomischen Verhältnissen haben, kann hier nicht diskutiert werden. Sicher ist, dass Gewalt viele Ursachen hat und in jeder Form eine schwerwiegende Bedrohung der Gemeinschaft darstellt, mit oft über Generationen hinausreichender Traumatisierung. Um langfristig einen dauerhaften Ausweg aus der Gewaltspirale zu finden, ist es deshalb wichtig die komplexen biologischen und sozioökonomischen Ursachen für Gewalt zu analysieren. Nur dann kann es gelingen sie aufzulösen.

Der nun folgende Blick in die menschliche Evolutionsgeschichte soll deutlich machen, dass Geschlechterverhältnisse Wandlungen unterworfen waren und deshalb noch immer wandlungsfähig sind. Werfen wir zunächst einen Blick auf die matriarchale Sozialordnung unserer allernächsten Verwandten. Vielfach gelten noch immer Schimpansen als unsere nächsten Verwandten. Tatsächlich ist der

Unterschied zwischen Schimpansen und Bonobos, einer erst im letzten Jahrhundert entdeckten weiteren Menschenaffenart, nur gering. In der Summe macht ein ganzes Dutzend geringer Unterschiede Bonobos jedoch zu unseren allernächsten Verwandten.

Interessant ist unsere nahe Verwandtschaft zu Bonobos wie Schimpansen vor allem, weil Bonobos matriarchal, Schimpansen hingegen, wie alle Säugetiere mit Ausnahme der Hyänen, patriarchal organisiert sind. Während uns die patriarchale Haremsordnung der Schimpansen vertraut ist, zeigt das Sozialverhalten der Bonobos wie breit das Spektrum möglicher Verhaltensweisen ist. Bemerkenswert ist, dass Bonobos in größeren Gruppen als Schimpansen friedlich zusammenleben. Das gelingt Bonobos, weil sie Spannungen vielfach durch Sex abbauen. Dabei kennen Bonobos kaum Tabus. Als einzigen Säugetieren ist ihnen neben der Hunde- auch die Missionarsstellung vertraut, wobei sie beim Sex keine missionarische Zurückhaltung üben. Sie praktizieren Oral- und Analsex mit dem anderen, aber auch dem eigenen Geschlecht. Bonobos unterhalten keine monogamen Bindungen, aber auch keine Harems. Sex gehört zum Alltag aller erwachsenen Tiere, denn Sex entspannt und befriedet deshalb. Er dient aber auch dazu Bündnisse aufzubauen und zu pflegen.

Die Polygamie hat zudem den Vorteil, dass Bonobos die biologischen Väter wohl nicht kennen. Das mag ein Grund dafür sein, das Kindstötungen bisher nicht beobachtet wurden. Unter patriarchal lebenden Säugetieren ist Kindstötung beim Wechsel des Alphatieres ein oft beobachtetes Verhalten. Bonobos legen mehr Wert auf soziale als biologische Vaterschaft. Wer mit Kindern umgehen kann, den lieben die Bonoboweibchen.

In dieser matriarchalen Ordnung werden grundsätzlich andere Verhaltensweisen belohnt als in einer patriarchalen. Welchen Einfluss soziale Entscheidungen auf die Geschlechterverhältnisse haben, erleben wir gerade beim Wandel der menschlichen Gesellschaft. Seit Frauen andere Erwartungen an ihre männlichen Partner geltend machen, haben sich die Geschlechterrollen in wenigen Generationen deutlich verändert. Davon profitieren durchaus beide Geschlechter, wie die Annäherung der durchschnittlichen männlichen Lebenserwartung an die weibliche zeigt. Hier zeigt sich, wie schnell wir Menschen uns durch unsere Lernfähigkeit an veränderte Verhältnisse anpassen können. Nichtsdestotrotz erfreuen sich heute Menschheitsgeschichten großer Beliebtheit, in denen unser aktuelles Verhalten auf Fähigkeiten zurückgeführt wird, die wir in der Steinzeit erworben bzw. erlernt haben. Den Wert solch primitiven Erklärungsmuster halte ich für fragwürdig. Mir erscheint die Menschheit weit wandlungsfähiger. Ein Beispiel hierfür sind die psychischen und physischen Veränderungen, die das nur wenige Jahrzehnte alte Handy hervorgebracht hat.

Der folgende Blick in die Menschheitsentwicklung soll also nicht belegen, wie uns die Steinzeit bis heute prägt, sondern vielmehr wie wir uns seit der Steinzeit verändert haben. Im eurozentristischen Weltbild sind im 18. Jh. Hinweise aufgetaucht, dass Menschen in der Frühzeit nicht patriarchal organisiert waren. In Reiseberichten werden egalitäre Sammel- und Jagdgemeinschaften beschrieben, in denen es keine erkennbare Geschlechterhierarchie gab. Andere berichten von matriarchalen bzw. matridominanten Sozialordnungen. Um Verwirrung zu vermeiden, beschränke ich mich auf matriarchal, obwohl das nicht immer trifft.[M] Inzwischen haben vor allem Forscherinnen Völker gefunden, die auch heute matriarchal organisiert sind.

Doch ich teile die allgemeine Ansicht, dass unsere Vorfahren, die noch nicht Homo hießen, aber schon auf zwei Beinen gingen, in Haremspatriarchen lebten. Es wurde bereits darauf hingewiesen, dass sich unser heutiges menschliches Patriarchat von den Haremspatriarchaten der Säugetiere unterscheidet, weshalb wir es wohl nicht von ihnen übernommen haben. Am Beginn der menschlichen Evolution werden unsere Vorfahren aber wohl genau in solchen Haremspatriarchaten gelebt haben. Bei diesen frühen Vorfahren, die wir noch zu den Affen zählen, waren die Unterschiede zwischen den Geschlechtern weit ausgeprägter, als wir das von uns Menschen kennen. Biolog*innen bezeichnen solche Unterschiede als Dimorphismus. Im Laufe der menschlichen Evolution sinkt der Dimorphismus zwischen den Geschlechtern deutlich. Zum Dimorphismus zählen Größenunterschiede und unterschiedliche Eckzähne. Dimorphismus ist deshalb anatomisch an Knochenfunden nachweisbar. Ein sinkender Dimorphismus erlaubt Rückschlüsse auf Veränderungen der Geschlechterverhältnisse. Nach dieser Einleitung wage ich eine Rekonstruktion menschlicher Geschlechterverhältnisse im Laufe unserer Evolution.

Aus Knochenfunden wissen wir, dass bei den vor gut 2 Millionen Jahren erschienenen homo habilis die Männer kleiner wurden, während die Frauen gleich groß blieben. Die noch nicht zu den Hominiden zählenden Vorfahren des homo habilis gingen schon mehr als 1 Millionen Jahre auf zwei Beinen, wie uns 3,5 Millionen Jahre alte Fußspuren verraten. Erste bearbeitete Steinwerkzeuge kennen wir bisher aber erst von homo habilis, weshalb wir mit ihnen die Menschheitsgeschichte beginnen. Gut 1 Millionen Jahre später erschienen die homo erectus. Sie nutzten als erste das Feuer, was offensichtlich beiden Geschlechtern zugute kam, denn Frauen und Männer wurden größer. Vor 150 000 Jahren erschienen

---

[M] Die Begriffe Patriarchat und Matriarchat setzen sich aus den griechischen Wörtern für Vater bzw. Mutter und Arche zusammen. Arche bedeutet im Altgriechischen „Beginn/Anfang/ Ursprung", im Neugriechischen „Macht/Herrschaft".

dann die homo sapiens auf der Erde. Bei ihnen wurden nur die Frauen größer, während Männer gleich groß blieben, weshalb der Größenunterschied zwischen Frauen und Männern weiter schrumpfte.

Der schrittweise sinkende Dimorphismus bezeugt, dass sich die Geschlechterverhältnisse im Laufe der menschlichen Evolution gewandelt haben. Ethnologische Berichte und Ergebnisse der Matriarchatsforschung legen nahe, dass homo sapiens matriarchal organisiert waren. Wahrscheinlich waren auch die Neandertaler matriarchal. Darauf deuten Genbefunde hin, aus denen sich die Verwandtschaftsverhältnisse innerhalb einer Gruppe homo neanderthalensis rekonstruieren ließen. Diesen Befunden zufolge waren die Männer in dieser Gruppe verwandt, also Brüder oder Väter und Söhne, während die Frauen zugewandert waren. Eine solche patrilokale Ordnung kennen wir von den Bonobos, nicht von den Schimpansen. Bei den Bonobos verlassen die erwachsenen Weibchen die Gruppe, während die Männchen in ihrer Herkunftsfamilie bleiben. Bei den patriarchalen Schimpansen ist es genau umgekehrt.

Wenn es stimmt, dass bereits die Neandertaler matriarchal waren, ohne dass ihr Dimorphismus gegenüber den älteren homo erectus gesunken war, fand die Umkehr der Geschlechterordnung schon beim homo erectus statt. Denkbar wäre, dass die Nutzung des Feuers dazu beigetragen hat. Da Menschen Feuer anfangs nicht entzünden konnten, musste es gehütet werden. Diese Aufgabe mag (alten) Frauen zugefallen sein. Als Hüterinnen des Feuers wuchs ihr Einfluss in der Gemeinschaft. Ein dadurch in Gang gesetzter Wandel der Sozialordnung erscheint umso wahrscheinlicher, als es leichter fällt, sich eine Gruppe in entspannter Polygamie lebender Menschen um ein Feuer herumsitzend zu denken, als einen Harem mit einem Alphamann, der andere Männer ständig auf Abstand zu halten versuchte. Zu diesem Bild passt die Gehirnentwicklung von homo erectus. Das Gehirn nahm damals um etwa die Hälfte zu. Vermutlich hat sich das Sprachzentrum beim gemeinsamen ums Feuer sitzen stark entwickelt. Als Hüterinnen des Feuers haben Frauen wahrscheinlich mehr Zeit am Feuer und mehr Zeit mit Reden verbracht. Wenn Frauen noch heute sprachbegabter als Männer sein sollten, dann jedoch mit Sicherheit nicht, weil Frauen vor mehr als einer halben Millionen Jahren (als Menschen begannen, Feuer zu nutzen) aus Sprachgewandtheit Vorteile für sich zogen. Falls Frauen noch immer sprachbegabter sind, dann nur, weil sich diese Fähigkeit bis heute immer neu bewährt hat.

Da homo erectus-Menschen Afrika verließen, hat es damals wahrscheinlich ein deutliches Bevölkerungswachstum gegeben. Möglicherweise hat dazu eine neue egalitäre oder matriarchale Sozialordnung beigetragen, in der es keine Infantizide (keine Kindstötung) mehr gab. Doch es bleibt Vermutung, ob das menschliche Matriarchat beim homo erectus vor ca. 500 000 Jahren begann.

Es sprechen einige Indizien dafür, dass Menschen einst matriarchal gelebt haben. Das bekannteste, aber wahrscheinlich auch umstrittenste Indiz, sind die vielen ganz unterschiedlichen Frauenfiguren, die inzwischen in ganz Eurasien ausgegraben wurden. Sie sind etwa 28 000 bis 25 000 Jahre alt. Auch gibt es, wie erwähnt in Afrika, Asien und Amerika (ob auch in Australien ist mir nicht bekannt) noch heute kleine Völker, die matriarchal organisiert sind. Wir kommen gleich darauf zurück.

Ein meiner Ansicht nach unstrittiges Zeichen für ein prähistorisch allgemein verbreitetes menschliches Matriarchat bedarf einer Erklärung. Es ist die weibliche Brust. Sie signalisiert eine mehr oder weniger ständige sexuelle Bereitschaft von Frauen ab der Pubertät. Um diese Signalwirkung zu verstehen, wenden wir uns nochmal unseren nächsten und allernächsten Verwandten zu.

Während Schimpansinnen nur in sogenannten rosigen Zeiten durch ein deutlich geschwollenes Hinterteil ihre sexuelle Bereitschaft signalisieren, ist bei Bonoboweibchen dieses rosige Hinterteil ab der Pubertät ständig vorhanden. Da Sex in ihrer Sozialordnung auch eine soziale Funktion hat, ist diese ständige sexuelle Signalwirkung geradezu notwendig. Demgegenüber haben Frauen statt des rosigen Hinterteils eine Brust. Auch sie signalisiert ab der Pubertät sexuelle Bereitschaft.

Anders als Euter und Zitzen schwellen Brüste nicht nur in Stillzeiten an. Sie bestehen mehr aus Fettgewebe als aus Milchdrüsen. Denn ihre beständige Signalwirkung ist wichtiger als ihre zeitweise Ernährungsfunktion. Die menschliche Brust beweist meiner Ansicht nach unsere matriarchale Vergangenheit. Sie beweist zugleich, dass wir unser einstiges Matriarchat nicht von den Bonobos übernommen, sondern unabhängig von ihnen entwickelt haben. Wir wurden erst matriarchal, als wir bereits aufrecht gingen. Deshalb haben Frauen glücklicherweise kein rosiges Hinterteil, sondern eine beim aufrechten Gang sichtbare Brust. Damit stellt sich aber die Frage, warum die überwiegende Mehrheit der Menschen heute wieder im Patriarchat lebt?

Ein erneuter Wandel der Geschlechterverhältnisse ging wahrscheinlich mit der neolithischen Revolution einher. Neolithische Revolution meint den Übergang von der aneignenden zur produzierenden Wirtschaftsweise. Anders ausgedrückt, als aus Sammlerinnen und Jägern Bäuerinnen und Hirten wurden, haben sich in vielen Kulturen auch die Geschlechterverhältnisse gewandelt. Dieser Wandel erfolgte jedoch nicht in allen Kulturen. Noch heute existieren vereinzelte nomadische, aber auch sesshafte Kulturen mit matriarchaler Sozialordnung. Es gibt die These, dass Hackbaukulturen matriarchal geblieben sind, während Getreidebaukulturen patriarchal wurden. Ich teile diese These, würde sie jedoch anders formulieren. Ausschlaggebend für den erneuten Wandel waren wohl weniger die angebauten Pflanzen als der Umgang mit den Tieren. In Getreidebaukulturen erfolgte die Bodenbearbeitung zum Ende der neolithischen Revolution vielfach mit Zugtier und Pflug. In Hackbaukulturen wurde der Boden weiter mit der Handhacke bearbeitet. Mit dem Einsatz von Zugtieren auf dem Acker gaben die Frauen die Feldarbeit an die Männer ab. Die Versorgung der Familie wurde erst jetzt – in diesem neuen Patriarchat – Männersache. Dass Zugtiere nur in Getreidebaukulturen vor den Pflug gespannt wurden, hängt möglicherweise damit zusammen, dass der Getreideanbau seinen Ursprung weniger in der Brotherstellung als mehr in der Tierfutter- und Bierherstellung hatte. Tiere als Zugtiere auf dem Acker einzusetzen, macht nämlich nur Sinn, wenn diese Tiere bereits Teil des Haushaltes sind. Wenn sie als Haustiere ernährt werden müssen, liegt es nahe, sie auch an der Arbeit zu beteiligen. Tiere aber nur als Zugtiere für den Pflug anzuschaffen, würde eine Ertragssteigerung erfordern. Noch heute gelingt es kaum in traditionellen Hackbaukulturen Zugtiere einzuführen, wie landwirtschaftliche Untersuchungen zeigen.[36]

Gegenwärtig erleben wir einen erneuten Wandel der Geschlechterverhältnisse, dessen Ausgang jedoch noch nicht gewiss ist. Mit dem Niedergang des Adels verloren mehr und mehr Frauen der Oberschicht ihre Ernährer. Sie sahen sich zur Erwerbsarbeit gezwungen und forderten im Zuge wachsender ökonomischer Unabhängigkeit auch politische und soziale Freiheiten. Etwas zeitverzögert zu dieser Entwicklung verloren auch Arbeiter mehr und mehr ihre Ernährerfunktion. Niedrige Löhne und Arbeitslosigkeit zwangen Frauen (und Kinder) in die Fabriken. Infolge dessen begannen auch Arbeiterinnen mit zunehmender ökonomischer Unabhängigkeit Gleichstellung zu fordern.

Ökonomische Unabhängigkeit war ein Trittbrett auf dem Weg zu Gleichberechtigung, die technische Entwicklung das andere. Wegfall körperlich schwerer Arbeit durch Einsatz von Maschinen bewirkte, dass Kraft kein entscheidender Vorteil mehr war. Pflügen und Bauen waren Jahrtausende lang Männerarbeit. Traktor und Kran können auch Frauen bedienen. Diese Entwicklung verbessert zugleich das Leben der Männer. Ihre Lebenserwartung, die seit Bekämpfung der Kindersterblichkeit deutlich unter der der Frauen lag, nähert sich inzwischen der Lebenserwartung der Frauen mehr und mehr an. Männer profitieren bei Licht betrachtet mehr von der Gleichstellung als Frauen. Der wachsende Einfluss von Frauen in der Gesellschaft fördert auch bei Männern eine gesündere Lebensweise, was ebenfalls dazu beiträgt, dass die Lebenserwartung der Männer schneller wächst als die der Frauen.

Allerdings werden die letzten Aspekte durch die destruktive Dynamik des Kapitalismus inzwischen mehr und mehr zunichte gemacht. Umweltzerstörung, krankmachende Arbeitsbedingungen, Niedriglöhne, soziale Unsicherheit, militärische Konflikte, all das droht die enormen Erfolge des Kapitalismus zu zerstören.

Um die Vorteile der gewaltigen technischen Entwicklung, die der Kapitalismus hervorgebracht hat, zu bewahren, und die Zerstörung unserer Lebensgrundlagen durch eben diese Maschinerie zu beenden, ist es höchste Zeit, die Verteilungsverhältnisse neu zu ordnen. Nur dann werden unsere Enkel in einer friedlichen und egalitären Welt leben können.

7. Visionen – Wege in die Zukunft

7.1. Unbequeme Gesetze – Trübe Aussichten

In diesem Buch wurde mehrfach dargelegt, dass Finanzmärkte nur als Kettenbriefsystem funktionieren. Infolgedessen ist immer wiederkehrende Selbstzerstörung im Zuge von Finanzkrisen unvermeidlich. Dieser Mechanismus folgt dabei hinlänglich bekannten Naturgesetzen. Geisteswissenschaftler*innen kennen das dialektische Gesetz vom Umschlagen von Quantität in Qualität. Da dieses Gesetz allgemeine Gültigkeit hat, erzwingt fortwährendes Wachstum unvermeidlich Krisen. Naturwissenschaftler*innen kennen die Chaostheorie und wissen, dass jedes System ins Chaos stürzt, wenn eine Variable unentwegt erhöht (oder verkleinert) wird. Stetiges Wachstum bewirkt genau wie stetiges Schrumpfen Systemzusammenbrüche. Diese sprunghaften Veränderungen verlaufen immer chaotisch, d. h. unberechenbar. Am Ende eines chaotischen Übergangs stellt sich ein neues Ordnungssystem ein. Doch auch dieses ist vorher nicht bestimmbar. Wer heute eine kommende Finanzkrise ankündigt, braucht deshalb keine hellseherischen Fähigkeiten. Sie ist beim Fortbestand der heutigen Strukturen, Gesetze und Regelwerke unvermeidlich. Wie im 3. Kapitel gezeigt, hat dieses Räderwerk umfassende Auswirkungen auf andere Systeme und Kreisläufe.

Um aus dieser destruktiven Dynamik heraus zu kommen, reicht es nicht die Geldvermögen, z.B. durch eine Vermögenssteuer, zu verringern. Das nähme zwar Druck aus dem Kessel, würde aber gerade deshalb neuen Druckaufbau ermöglichen. Die Geldvermögen würden erneut wachsen und die sozialen und ökologischen Folgeprobleme würden mitwachsen. Eine Vermögenssteuer würde die Probleme also nicht lösen, sondern deren Lösung nur hinausschieben. Einen solchen Aufschub können wir uns weder im sozialen noch im ökologischen Bereich leisten. Das zeigen die wachsenden sozialen Spannungen, die tiefe Gräben in der Gesellschaft aufgerissen haben. Das macht aber auch die *Friday for future* Bewegung deutlich.

Um dem Chaos zu entgehen, müssen wir die Strukturen vernichten, in denen sich Kapital selbst vermehren kann. Wir müssen das Habitat beseitigen, in dem Kapital seine Selbstvermehrung durch Geldschöpfung jenseits realer Wertschöpfung zelebriert. Längst ist klar, dass ein „Weiter so" langfristig unmöglich ist. Es geht nicht mehr darum, dass es unsere Kinder und Enkel einmal besser haben sollen. Es geht darum, unsere Lebensgrundlagen zu bewahren.

7.2. Bedingungsloses Grundeinkommen – Eine (Zu)Flucht?

In Anbetracht wachsenden Leistungsdruckes und sinkender Reallöhne bei steigenden Mieten ist es mehr als verständlich, nach einem Ausweg aus dem Hamsterrad des Arbeitsalltags zu suchen. Hartz IV lässt Arbeitslose zumindest nicht ins Bodenlose fallen. Echte Teilhabe an Gesellschaft ermöglicht diese Grundsicherung jedoch nicht. In Anbetracht der Milliarden, die zur Rettung des Bankensystems wahrhaft aus dem Hut gezaubert wurden, liegt es nahe, auch für die realen Bedürfnisse der Bedürftigsten Geld zu fordern. Geld lässt sich tatsächlich in unbegrenzter Menge schöpfen. Doch wer den Staat auffordert, er solle sich das Recht auf Geldschöpfung zurückholen, und Geld zur Finanzierung eines bedingungslosen Grundeinkommen (BGE) schöpfen, übersieht etwas Wesentliches.

Würde der Staat – wie während der Finanzkrise – Milliarden schöpfen und als bedingungsloses Grundeinkommen in die Realwirtschaft pumpen, entstünde Inflation. Denn dieses Geld würde die Kaufkraft vermehren, ohne die reale Wertschöpfung zu steigern. Als bedingungsloses Grundeinkommen wird es ja gerade nicht als Lohn für eine erbrachte Leistung, also eine Wertschöpfung gezahlt. Seine Auszahlung erhöht das Angebot an Waren und Dienstleistungen nicht. Das Geld ermöglicht aber Nachfrage gerade von Menschen, deren vordem geringes Einkommen Bedürfnisse unbefriedigt ließ. Diese Menschen werden Waren und Dienstleistungen abfragen. Die gesteigerte Nachfrage bei konstantem Angebot wird die Preise in die Höhe treiben.

Wenn Euros kein internationales Zahlungsmittel mehr sind, werden wir lernen, dass sich durch Geld allein langfristig keine Probleme lösen lassen. Erst dann werden wir erkennen, dass Nahrung nicht im Supermarkt entsteht. Erst dann werden wir begreifen, dass Lebensmittel herangezogen, geerntet und transportiert werden müssen, bevor wir sie kaufen können. Erst wenn wir den Spargel selber stechen müssen, bevor wir ihn essen können, werden wir verstehen, dass es zwischen Arbeitslohn und Warenpreis einen Zusammenhang gibt. Leistungslose Kapitaleinkommen erzwingen genauso wie ein bedingungsloses Grundeinkommen, dass andere für uns unbezahlte Arbeit leisten müssen. Auf solch eine Idee lässt sich deshalb kein friedliches Zukunftsmodell gründen.

Unbefriedigte Bedürfnisse wachsender Bevölkerungsteile lassen sich nur sinnvoll decken, wenn Einkommen und Wertschöpfung gemeinsam wachsen. Konkret heißt das, Lohneinkommen müssen steigen, zum einen zu Lasten von Kapitaleinkommen, zum anderen durch Einbinden von Arbeitslosen in den Prozess der Wertschöpfung. Im ersten Fall würde die Einkommenssumme nicht steigen, sondern nur umverteilt. Parallel zum Sinken der Kapitaleinkommen und Steigen der Lohneinkommen würde sich auch der Konsum verschieben. Im zweiten Fall würden Einkommen und Wertschöpfung steigen, weil Arbeitslose in den Prozess der Lohnarbeit eingebunden werden. Sie schaffen mit ihrer Arbeit zugleich Gegenwerte für ihr Einkommen. Nur diese beiden Wege – Umverteilung von Einkommen und Ausweitung der Lohnarbeit – ermöglichen eine reale Verbesserung der Lebensbedingungen des ärmeren Teils der Bevölkerung. Nur dann bewirken Einkommenszuwächse eine wirkliche Steigerung ihres Lebensstandards. Nur wenn der Zusammenhang zwischen Einkommen und Wertschöpfung gewahrt bleibt, werden wachsende Einkommen nicht durch wachsende Preise entwertet.

Tatsächlich haben die Milliarden, die seinerzeit zur Rettung der Banken geschöpft und in Umlauf gebracht wurden, Inflation ausgelöst. Nur fand diese Inflation an den Börsen statt. Sie äußerte sich in steigenden Wertpapierkursen und wurde als solche begrüßt. Auf die Realwirtschaft hätte eine solche Geldvermehrung eine verheerende Wirkung. Die Geldentwertung würde das Zusatzeinkommen mehr oder weniger zunichte machen. Es muss daher nach anderen Finanzierungsmodellen für ein bedingungsloses Grundeinkommen gesucht werden. Es gibt dazu verschiedene Vorschläge. Diese lassen sich grob in zwei Gruppen unterteilen. Zum einen soll ein bedingungsloses Grundeinkommen durch Steuern oder Abgaben von allen finanziert werden, zum anderen soll das nötige Geld durch Besteuerung des überschüssigen Kapitals, d. h. durch Vermögenssteuer aufgebracht werden. Eines der bekannteren Modelle zur Finanzierung eines bedingungslosen Grundeinkommens ist das von Götz Werner. Er will die heutige Mehrwertsteuer in Konsumsteuer umtaufen und auf 50% erhöhen. Gleichzeitig sollen alle anderen Steuern wegfallen. Die Einnahmen aus der Konsumsteuer sollen dann als bedingungsloses Grundeinkommen ausgezahlt werden und jedem ein sorgenfreies Leben sichern. Doch geht diese Rechnung auf?

Die von Werner vorgeschlagenen Änderungen in der Besteuerung sind bei Licht betrachtet ein Griff in die Tasche der Armen. Denn da die Ärmsten keine Einkommenssteuer zahlen, haben sie nichts vom Wegfall der diversen Steuern. Stattdessen trifft sie die Erhöhung der Konsumsteuer hart, schließlich müssen sie ihr ganzes Geld für ihren Konsum ausgeben. Die Erhöhung aller Preise durch eine Konsumsteuer von 50 % trifft sie in voller Härte, während sie durch die Steuererleichterungen keinerlei Einkommenszuwachs erleben. Nach Werners Plan sollen die Armen die Armen unterstützen. Das kann nicht funktionieren! Tatsächlich würde es die Armen noch ärmer und die Reichen noch reicher machen. Wir sollten gewarnt sein. Vertrauen wir nicht darauf, dass die Frösche den Sumpf trocken legen, die Banken das Finanzsystem sanieren oder die Milliardär*innen das Armutsproblem lösen. Sie alle werden sich nicht selbst das Wasser abgraben.

Werners Finanzierungsmodell ist das unsozialste, das mir bisher begegnet ist. Doch die meisten anderen Finanzierungsmodelle unterscheiden sich nur unwesentlich. Je nachdem, welche Einkommensklasse stärker zur Kasse gebeten wird, sinken zwar die finanziellen Lasten für die Ärmsten, doch nur ein vollkommen durch Vermögenssteuer finanziertes Modell würde tatsächlich reale Kaufkraft in die Taschen der Bedürftigen spülen. Nur wenn die Empfänger*innen des BGE nicht selbst zur Finanzierung des bedingungslosen Grundeinkommens beitragen müssen, erhalten sie Geld, dass sie nicht zuvor durch Steuererhöhungen verloren haben. Jedes Modell, das ein BGE durch allgemeine Steuererhöhung finanzieren will, würde allen Kaufkraft entziehen, um allen durch BGE Kaufkraft zuteilen zu können. Zwar kann es durch unterschiedliche steuerliche Belastung der Einkommensklassen zu Umverteilungseffekten kommen, doch wahrscheinlich hätte die ohnehin geschwächte Mittelschicht die Hauptlast zu tragen. Nur ein vollständig durch Vermögenssteuer finanziertes Modell würde die Belastung denen auferlegen, deren Konsumverhalten dadurch in keiner Weise beeinträchtigt wird.

Gerade das gibt jedoch zu der Vermutung Anlass, dass dieses Modell genauso wie eine Finanzierung durch staatliche Geldschöpfung zu Inflation führen würde. Denn wenn Geld in die Realwirtschaft fließt, ohne dass zugleich die Wertschöpfung steigt, muss es zu Inflation kommen. Durch ein BGE, das durch eine Vermögenssteuer finanziert wird, würde Geld aus der Finanzwirtschaft in die Realwirtschaft fließen. Das heißt für ein gleichbleibendes Warenangebot wäre nun mehr Kaufkraft vorhanden. Denn viele BGE-Empfänger*innen haben Bedürfnisse, die sie aus Mangel an Kaufkraft bisher nicht decken konnten.[N] Sie werden ihr nun höheres Einkommen also sehr wahrscheinlich wie bisher vollkommen verkonsumieren. Das umso mehr, da ihnen durch das BGE auch in Zukunft ein sicheres Einkommen versprochen wird. Die Nachfrage wird durch den Kaufkraftzuwachs bei vielen BGE-Empfänger*innen also steigen, ohne dass die Nachfrage bei denen, die dieses BGE durch Vermögenssteuer finanzieren, sinkt. Denn sie haben ihr nun steuerpflichtiges Vermögen längst nicht mehr als Geld, sondern nur noch als Geldkapital[O] genutzt. Die Finanzierung eines BGEs durch Vermögenssteuer würde – anders als eine Finanzierung durch staatliche Geldschöpfung – die volkswirtschaftliche Gesamtgeldmenge nicht erhöhen und trotzdem zu Inflation führen. Denn die Umverteilung von Geld aus „Taschen ohne Bedarf" (Vermögenssteuerpflichtige) in „Taschen mit Bedarf" (BGE-Empfänger*innen) verwandelt Geldkapital in Geld. Geldkapital kauft Vermögenswerte, Geld kauft Waren und Dienstleistungen. Durch Verwandlung von Geldkapital in Geld steigt die nachfragewirksame Geldmenge. Mehr Kaufkraft bei unverändertem Warenangebot bewirkt Preissteigerung. Es kommt zu Inflation. Damit sind wir wieder am

---

[N] Siehe Dialog zwischen Mutter und Kind des Kohlekumpels im Absatz „Mehrwert".

[O] Die Begriffe Geld und Geldkapital wurden im Absatz „Produktionsmittel" genauer differenziert.

Ausgangspunkt unserer Überlegungen angelangt.

Tatsächlich sehe ich in der Idee eines bedingungslosen Grundeinkommens den Versuch, der grundlegenden Lösung der Probleme auszuweichen. Die grundlegenden Probleme sehe ich in der Verschlechterung der Arbeitsbedingungen. Hier müsste angesetzt werden. Statt ein bedingungsloses Grundeinkommen zu fordern, müssten die Ursachen des Lohndumpings und des wachsenden Leistungsdruckes beseitigt werden. Im Übrigen habe ich ernste Zweifel, ob sich eine Gesellschaft allein durch freiwillige Arbeit organisieren ließe. Ich möchte mich nicht darauf verlassen, dass der Krankenpfleger oder die Elektrikerin heute Lust haben, zur Arbeit zu kommen. Ich möchte darauf vertrauen können, dass das OP-Team vollständig zur Arbeit erscheint. Vielleicht werden selbstfahrende Busse und Bahnen Berufe wie Busfahrerin und Zugführer bald überflüssig machen. Doch es bleibt genug Arbeit, die zuverlässig getan werden muss. Unsere hochkomplexe Wirtschaft allein auf das Prinzip der Freiwilligkeit zu gründen, erscheint mir realitätsfremd. Ich sehe nur eine Bevölkerungsgruppe, für die ein bedingungsloses Grundeinkommen sinnvoll erscheint: Künstler*innen. Sie, die außerhalb der Warenproduktion Werte schaffen, für die es keinen Marktpreis geben kann, weil es immer Unikate sind, könnten durch ein bedingungsloses Grundeinkommen frei werden, ihre intrinsische (innere) Kreativität zu entfalten. Unsere Gesellschaft ist mit Sicherheit in der Lage, diese Bevölkerungsgruppe aus Steuern zu finanzieren. Ich bin auch sicher, dass es eine Bereicherung für alle wäre. Vielleicht sollten auch Tüftler*innen ein Grundeinkommen beantragen können. Das hätte den Vorteil, dass die Ergebnisse ihrer Kreativität von allen genutzt werden könnten. Das Für und Wider sollte öffentlich diskutiert werden.

Für die große Mehrheit der Bevölkerung scheint mir ein bedingungsloses Grundeinkommen jedoch mehr Probleme herauf zu beschwören, als zu lösen. So habe ich in meinem Umfeld immer wieder beobachten müssen, wie der Verlust von Arbeit nach und nach zu einer Auflösung des Tagesrhythmus sowie zum Verlust von Selbstwertgefühl und Vertrauen in die eigenen Fähigkeiten geführt hat. Arbeit, für die ich soziale und finanzielle Anerkennung erhalte, ermöglicht Teilhabe an Gesellschaft, schafft Einbindung, liefert einen sozialen Rahmen. Arbeitslosigkeit schafft nicht nur materielle, sondern auch soziale Probleme, die allein durch ein bedingungsloses Grundeinkommen weder aufgefangen noch aus der Welt geschafft werden.

Für den Staat sind Almosenempfänger*innen in gewisser Hinsicht leicht zu regieren. Sie werden die Hand nicht beißen, die sie füttert. Doch durch ein bedingungsloses Grundeinkommen gehen nach und nach Gefühle für Verhältnismäßigkeit und Verantwortlichkeit verloren. Wenn ich nichts leisten muss, frage ich auch nicht, worauf ich Anspruch erheben kann. Welcher Wohlstand steht mir zu? Wo beginnt, wo endet Würde? Da allgemein akzeptierte Antworten auf diese Fragen kaum zu finden sind, gibt es sehr unterschiedliche Forderungen hinsichtlich der Höhe des bedingungslosen Grundeinkommens. Hier tut sich ein weites Feld an Diskussionsstoff auf, das in dieser kleinen Schrift nicht beackert werden kann.

Bei all diesen Fragen ist ein Aspekt des bedingungslosen Grundeinkommens noch unerwähnt geblieben. Dass wir uns in Europa überhaupt ein Sozialsystem leisten können, hat nicht zuletzt damit zu tun, dass wir dank unserer Agrarsubventionen auf den Weltmärkten billig einkaufen können. Im Prolog wurde bereits skizziert, dass wir dank milliardenschwerer Subventionen international die Löhne für Nahrungsmittel und Konsumgüter unter die Produktionskosten drücken. Diese Lohndumpingpolitik ermöglicht es uns, den größten Teil unserer Konsumgüter zu Preisen unterhalb unserer eigenen Herstellungskosten einzukaufen. Dadurch sind wir alle – Arme wie Reiche – Nutznießer*innen eines Systems internationaler Ausbeutung. Auch vor diesem Hintergrund muss die Frage gestellt werden: Welcher Wohlstand steht mir zu? Und was bin ich bereit dafür zu leisten? Ein bedingungsloses Grundeinkommen würde kurzzeitig den Druck aufheben, an diesem System etwas zu ändern. Langfristig würde es, wie oben erklärt, zu Inflation führen. Gleichzeitig würde unser ungeschmälertes Konsumverhalten zu Lasten anderer Völker den Migrationsdruck erhöhen. Die sozialen Probleme wären also nicht aus der Welt. Wahrscheinlich ist, dass sie sich zuspitzen würden. Es zeigt sich ein komplexes Problemgeflecht, dem durch die Forderung nach einem bedingungslosen Grundeinkommen nicht beizukommen ist, so sozial diese Forderung auf den ersten Blick auch erscheinen mag.

7.3.   Shut down – Die vier apokalyptischen Reiter

Beschreibungen apokalyptischer Katastrophen haben die Menschheit noch nie zum Umdenken und Umlenken bewegen können. Das hat in Sodom und Gomorrha nicht funktioniert und es wird auch heute nicht gelingen. Wenn ich hier trotzdem mögliche Szenarien eines kommenden kulturellen Zusammenbruchs skizziere, tue ich es für die Nachgeborenen. Vielleicht werden in 100 Jahren Menschen auf der Suche nach einer Neuordnung der Gesellschaft dieses Buch finden. Für sie ist dieser Rückblick geschrieben, der für uns noch eine Vorschau ist.

Ich fürchte, es ist bereits fünf nach zwölf. Ich fürchte, der Zerfall unserer Gesellschaft hat bereits begonnen. Auflösungserscheinungen kündigen sich stets lange vor dem finalen katastrophalen Ereignis an. Vielleicht wird der Zerfall aber auch langsam in kleinen Schritten vor sich gehen. Schon jetzt zieht sich der Staat mehr und mehr zurück. Die Infrastruktur beginnt langsam zu verfallen. Noch fällt der Verfall von Schulen oder Straßen nur dem suchenden Auge auf. Doch unsere Gesellschaft ist bereits dabei, sich kaputt zu sparen. Ich wiederhole mich, wenn ich feststelle, es fehlt keineswegs am Geld. Es fehlt auch keineswegs an Arbeitskräften oder Ideen. Es fehlt allein am Willen, sich das Geld dort zu holen, wo es im Überfluss vorhanden ist. Eine progressive Einkommenssteuer, die Lohn- und Kapitaleinkommen umfasst, aber erst bei fünfstelligen Monatseinkommen progressiv steigt, könnte viel Geld in die Staatskassen spülen und den Staat wieder handlungsfähig machen. Doch werfen wir einen Blick auf die vier apokalyptischen Reiter, die unserer Gesellschaft allein oder im Komplott den Garaus machen können.

Die soziale Apokalypse

Zum Zusammenbruch der gesellschaftlichen Ordnung kommt es, wenn sozial verträgliches Verhalten immer mehr Menschen nicht mehr sinnvoll erscheint. Hierfür gibt es vielfältige Ursachen. Gefällte oder auch unterlassene Urteile können das Rechtsempfinden von Menschen(Gruppen) so sehr verletzen, dass das Vertrauen in die Rechtsprechung schwindet. Das Problem potenziert sich, wenn das Rechtsempfinden von Menschen(Gruppen) möglicherweise durch soziale Entwurzelung ins Irrationale abgleitet. Zunehmende Akte von Selbstjustiz destabilisieren das Gemeinwesen, bis das Faustrecht sich in einem Bürgerkrieg Bahn bricht. Der Verfall des Gesellschaftsvertrages wird verstärkt, wenn gesellschaftliche Eliten Gesetze und Regeln missachten. Eliten haben eine Vorbildfunktion. Bleiben ihre Regelverletzungen folgenlos, verfallen bzw. verändern sich die Regeln des Zusammenlebens. Gesellschaftliche Zerfallsprozesse können aber auch durch Rückzug aus der Gemeinschaft und damit aus der Mitverantwortung für das Funktionieren des Gemeinwesens erfolgen. Erwerbslosigkeit kann dazu beitragen, sofern sie Menschen das Gefühl vermittelt überflüssig zu sein. Denn wer gesellschaftlich nicht teilhaben darf, verliert wahrscheinlich irgendwann den Bezug zum Gemeinwesen. Zusammenhänge zwischen Rechten und Pflichten sowie Geben und Nehmen beginnen sich aufzulösen. Ein Rechts-, Sozial- und Bildungswesen, das soziales Fehlverhalten aus Überlastung konsequenzlos hinnimmt, trägt ebenfalls dazu bei, die gesellschaftliche Ordnung in Frage zu stellen.

Die wachsenden sozialen Spannungen können durch ein zufälliges Ereignis außer Kontrolle geraten. Auslöser kann ein eskalierender sozialer Protest sein. Denkbar ist aber auch, dass *fake news* oder Hetzkampagnen im Internet einen *flash mob* auslösen, der eine unkontrollierbar werdende Eigendynamik entwickelt. Irgendwann wird das Machtmonopol des immer schwächer werdenden Staates hinweggefegt.

94

Die ökologische Apokalypse

Durch Umweltverschmutzung, Bodenerosion, massenhaftes Auftreten von Schädlingen, lang anhaltende Dürren, versiegende Trinkwasserreservoire oder extreme Wetterereignisse kann es zu gravierenden großräumigen Ernteausfällen kommen. Unabhängig davon können immer heftigere Wetterextreme zu großflächigen Sturmschäden und Überschwemmungen führen, die die Infrastruktur längere Zeit lahmlegen. Durch ein Ansteigen des Meeresspiegels untergehende Landschaften, aber auch andere Extremereignisse können Völkerwanderungen ausgelöst werden, die andernorts noch bestehende soziale Strukturen zerstören.

Die biologische Apokalypse

Multiresistente Keime können eine wirkliche Epidemie auslösen. Da solche Keime durch breiten Einsatz von Antibiotika als Wachstumsbeschleuniger in der Tiermast gezüchtet werden, können sie nachweislich auch in die menschliche Nahrung gelangen. Da immer aggressivere Keime durch immer aggressivere Antibiotika bekämpft werden, treiben wir Menschen eine evolutionäre Entwicklung von Krankheitserregern voran. Wenn wir im Wettlauf zwischen der Evolution der Keime und unserer Entwicklung von Antibiotika nicht Schritt halten, kann es zu einer Entvölkerung kommen, die an die Pest erinnert. Starker Bevölkerungsrückgang kann zum Zusammenbruch der Infrastruktur führen. Das wäre das Ende unserer heutigen gesellschaftlichen Ordnung.

Die monetäre Apokalypse

Unser Geldsystem kann zusammenbrechen, weil sehr wenige Menschen sehr viel zu viel und sehr viele Menschen zu wenig haben. Infolgedessen wird es immer unmöglicher, über Preise eine sinnvolle Verteilung der Waren und Dienstleistungen zu realisieren. Während für eine sehr kleine Gruppe von Menschen Preise keinerlei Einfluss auf ihr Konsumverhalten haben, da sie jeden Preis zahlen können, müssen die Preise für immer mehr Menschen direkt oder indirekt subventioniert werden. Direkte Preissenkungen erfolgen z.B. über Agrarsubventionen oder Steuererleichterungen. Indirekte Subventionierung von Preisen erfolgt durch Lohnzuzahlungen und Sozialleistungen, weil hierdurch Kaufkraft bezuschusst wird.

Ein Versagen unseres Tauschmittels kündigt sich bereits auf dem Arbeitsmarkt an. Wenn Arbeit nicht mehr lohnt, weil der Lohn nicht zum Leben reicht, werden Arbeitsmarkt und Warenmarkt irgendwann nicht mehr funktionieren. Durch den sich ausbreitenden Niedriglohnsektor verwandelt sich freie Lohnarbeit in neofeudale Formen von Frondienst. Freie Lohnarbeit war und ist eine Säule des Kapitalismus. Ihr Verschwinden wird auch das Ende des Kapitalismus besiegeln.

Welcher apokalyptische Reiter den Zusammenbruch auch einleiten mag, die sozialen Verwerfungen innerhalb unserer Gesellschaft sind bereits so groß, dass eine Auflösung des Gesellschaftsvertrages nur noch eine Frage der Zeit ist. Zwischen den politisch rechts bzw. links definierten Rändern der Gesellschaft existiert ein tiefer Graben, über den hinweg keine Verständigung stattfindet. Die Gründe hierfür sind vielfältig. Dialektisches Denken dient eher dazu, jede beliebige Idee verkaufen zu können, als dazu zu erkennen, dass wir in einer dualistischen Welt leben, in der Vor- und Nachteile stets untrennbar miteinander verbunden sind. In dieser dualistischen Welt geht es nur sehr selten um richtig oder falsch, sondern meist um ein richtiges Maß. Doch eine Konsenssuche wird oft eher von materiellen als inhaltlichen Argumenten getrieben. Der Mangel an Diskussionskultur wird durch die Erosion unseres Bildungswesens weiter vorangetrieben. Aus berechtigter Angst vor Missbrauch von Autorität, neigen wir dazu jeder Autorität zu misstrauen. Gute Regeln zu schaffen und Grenzen einzuziehen, um Missbrauch zu verhindern, ohne dadurch jede Autorität in Frage zu stellen, ist zweifelsfrei eine Gratwanderung. Doch es ist notwendig der Erosion unserer staatlichen Ordnung entgegen zu wirken; auch weil diese Erosion Nährboden für politisch rechte Ordnungsfantasien ist.

Gesellschaft braucht verbindliche Regeln, Normen, Gesetze. Die Aufweichung des Regelwerkes schafft nur kurzzeitig Platz für Freiheit, auf lange Sicht hingegen Platz für ein neues Ordnungssystem. Wer es nicht den sich immer machtvoller formierenden rechten Bewegungen überlassen will, die Ordnung der Zukunft zu gestalten, muss den Mut aufbringen, selbst Regelwerke zu entwerfen, die nicht nur die Freiheit des Individuums, sondern auch den Schutz des Individuums vor der Freiheit der anderen im Blick haben. Es reicht nicht „Nieder mit ...“ zu skandieren und das Abschaffen von Grenzen und Gesetzen zu fordern, eine Bewegung braucht auch den Mut, ein neues Gesetzeswerk errichten zu wollen. Wir wissen längst, dass die Lösung der heutigen globalen Probleme nicht durch Appelle an den guten Willen erreicht werden kann. Wir brauchen Regeln und Gesetze, die uns alle zwingen unser Verhalten zu ändern und deshalb keineswegs auf breites Wohlwollen stoßen werden und die gerade deshalb konsequent durchgesetzt werden müssen. Das erfordert Mut! Das ist die Herkulesaufgabe unserer Zeit!

Der Traum vom autarken Leben ist in unserer hochkomplexen Welt kaum mehr als ein Traum. Freiheit kann ich heute nur genießen, wenn ich auf die Ordnung der Welt vertrauen kann. Es ist zweifelsfrei richtig, Ordnungssysteme in Frage zu stellen, aber nicht um sie aufzulösen, sondern um sie umzugestalten. Eine zentrale Rolle spielt hierbei das Erziehungs- und Bildungswesen, denn soziale Regeln sind nicht angeboren, sondern werden durch Erziehung vermittelt.

Ein Verzicht auf Erziehung zu Sozialverhalten nimmt die Auflösung des Gesellschaftsvertrages vorweg. Um den Zusammenbruch des Gemeinwesens zu verhindern, wird es daher nicht ausreichen die extreme Ungleichverteilung von Geld zu beseitigen. Eine Umverteilung ist notwendig, damit Geld weiter als Tauschmittel funktioniert. Heutige hochkomplexe Gesellschaften können die notwendige Versorgung mit Strom, Wasser, Gas, Informationen etc. ohne Geld nicht realisieren. Neben einer ökonomischen und eigentumsrechtlichen Neujustierung der Gesellschaft ist jedoch auch eine soziale Neuorientierung notwendig. Statt individualistische Alles- bzw. Spitzenkönner*innen auszubilden, sollte das Bildungswesen wieder den Mut haben, auch ein Erziehungssystem zu sein. Ziel eines neuen Erziehungs- und Bildungswesen muss es sein, Menschen zu befähigen, gemeinsam als Gruppe Problemstellungen und Aufgaben zu lösen. Individuelle Vorlieben und Fähigkeiten können und sollen dabei gefördert und entwickelt werden. Genauso sollten aber auch Defizite bewusst werden. Die Kenntnis eigener Stärken und Schwächen sollte die Kooperation fördern, von der alle gleichermaßen profitieren. Ziel eines künftigen Erziehungs- und Bildungswesens sollte es also nicht sein, Menschen so zu schulen, dass am Ende möglichst alle in allen Fächern gleich gut sind. Ziel sollte es vielmehr sein, Menschen zu ermutigen ihre Vorlieben zu entwickelt, in dem guten Bewusstsein, ihre Defizite durch Kooperation mit anderen ausgleichen zu können. Die Kenntnis der eigenen Schwächen soll also nicht in ein Gefühl von Hilflosigkeit münden, sondern in eine Bereitschaft zur Kooperation, in die alle durch angstfreie Entwicklung eigener Stärken etwas Positives einbringen können. Individuelle Unterschiede sollen als Bereicherung, nicht als Mangel erlebt werden. Eine solche „Erbildung" (Erziehung und Bildung) kann die Grundlage für ein neues Gemeinwesen legen, in dem Menschen sich als Teil einer Gemeinschaft erleben, die mehr als die Summe ihrer Einzelteile (Individuen) ist.

Nur eine umfassende soziale, ökonomische, eigentumsrechtliche und ökologische Neuorientierung kann den Zusammenbruch unserer Kultur verhindern. Wir müssen lernen in Kreisläufen zu denken und als Elemente von Kreisläufen zu agieren. Um die natürlichen Kreisläufe schließen zu können, muss der von Menschen hervorgebrachte Geldkreislauf geschlossen werden. Wie eine solche Umgestaltung angegangen werden kann, soll nun kurz skizziert werden. Die Grundprinzipien dieser neuen Geldordnung werden im 4. Teil dieser Tetralogie dargelegt.

7.4.   Digitale Revolution – Von der Idee zur materiellen Gewalt

Die Hoffnung stirbt bekanntlich zuletzt. Im Gedenken an Simone Weil (siehe Vorwort) will ich all meinen Mut zusammennehmen und auf einen guten Ausgang vertrauen. Tatsächlich haben wir jetzt – im digitalen Zeitalter – die Mittel in der

Hand, ein gerechtes Tauschsystem zu schaffen und dadurch den Geldkreislauf zu schließen. Wir könnten mittels Internet ein digitales Geldsystem unabhängig von vorhandenen Währungen und Banken errichten. Mittels Handy oder anonym mittels Guthabenkarten könnten wir dieses selbst geschaffene virtuelle Geld nutzen, um uns schon jetzt mehr und mehr vom System staatlicher Währungssysteme zu lösen. Um ein solches Geldsystem zu schaffen, braucht es keine Massenbewegung, sondern einen Kreis versierter Programmierer*innen. Um einem Geldsystem Akzeptanz zu verschaffen, braucht es jedoch weit mehr. Ein solches System muss beworben, seine Vorteile müssen kommuniziert werden.

Denkbar ist es, im Vorfeld des Programmierens einer neuen digitalen Währung unterschiedliche Geldsysteme als Internetspiele zu testen. Theoretische Diskussionen der Vor- und Nachteile der konkurrierenden Modelle würden dadurch überprüfbar. Die Funktionstüchtigkeit unterschiedlicher Modelle könnte verglichen werden. Die Scheinrealität einer Spielewelt würde Modellversuche mit unvoreingenommenen Teilnehmer*innen ermöglichen. Natürlich erfordert das viel Diskussion und eine enge Zusammenarbeit zwischen Geldmodellentwickler*innen und Spieleprogrammierer*innen. Dieser Prozess könnte jedoch auch für die gesellschaftliche Debatte sehr bereichernd sein. Die Internetspiele können dabei zugleich Aufklärungs-, Lern- und Werbeplattform sowie Testfelder sein.

Eine zumindest in meinen Augen spannende Aufgabe. Die Frage, ob und wie ein solches Projekt finanziert werden kann oder soll, birgt allerdings große Gefahren. Denn Geld macht abhängig und erpressbar. Außerdem schafft Geld Eigentumsverhältnisse, die ggf. blockieren können. Insgesamt bleibt das Ganze eine große Herausforderung.

Die Herausforderung ist umso größer als die Karten schlecht gemischt sind. Warren Buffet ist sich sicher, dass die Reichen den Krieg zwischen Arm und Reich gewinnen werden, denn sie halten alle Trümpfe – alle gesellschaftlichen Ressourcen – in Händen. Die Wahrscheinlichkeit ist groß, dass er Recht behält. Doch den Reichen fehlt etwas, das ihrem Reichtum vielleicht die Stirn bieten kann: eine positive Vision. Sie wollen nichts anderes als den Status quo erhalten. Genau das ist ihre Schwäche, denn die bestehenden Verhältnisse sind auf Selbstzerstörung programmiert. Der Krieg zwischen Arm und Reich wird deshalb zwangsweise in einer Selbstzerstörung des kapitalistischen Systems enden. Diese Selbstzerstörung ist keine historische Mission einer Klasse, sondern eine historische Gewissheit jenseits von Klassen und Schichten.

Ein Sieg der Reichen bedeutet also nur, dass die Reichen auch nach dem Zusammenbruch des Kapitalismus in den entstehenden neofeudalen Strukturen reich sein werden. Zweifelsfrei kommt es zu einer Vernichtung gigantischer Geldvermögen, doch wenn Eigentumsansprüche weiterhin akzeptiert werden, wird die

Klasse der Kapitaleigentümer*innen bestehen bleiben. Da im Kapitel 5 gezeigt wurde, dass eine komplette Vernichtung von Eigentumsrechten kontraproduktiv ist, ist dieser Sieg tatsächlich sehr wahrscheinlich. Unsere einzige Chance besteht deshalb darin, vor dem Zusammenbruch ein tauschgerechtes Verteilungssystems einzuführen und ihm breite Akzeptanz zu verschaffen. Tauschgerecht bedeutet, dass es nur Arbeitseinkommen und umverteilte Sozialleistungen, aber keine Kapitaleinkommen mehr gibt. Wenn Einkommen einen Bezug zur realen Wertschöpfung haben, also zu für die Gesellschaft erbrachten Leistungen, werden Kapitaleinkommen verschwinden und Lohneinkommen steigen. Dann kann Massenarbeitslosigkeit verschwinden, weil ausreichend Lohngelder vorhanden sind, um die soziale und technische Infrastruktur zu erhalten und zu verbessern. Damit bestünde eine historische Chance, aus dem System der Ausbeutung des Menschen durch den Menschen auszusteigen.

Diese Chance besteht insofern, als es für diesen Wandel weniger Geld als vielmehr Ideen braucht. Nicht materielle, sondern geistige Ressourcen sind hier gefragt. Geld kann kluge Köpfe kaufen, aber nicht alle klugen Köpfe müssen käuflich sein. Ich habe die Hoffnung, dass es noch Sehnsucht nach einer Welt jenseits kapitalistischer Verwertungslogik gibt. Ich habe die Hoffnung, dass sich genügend kluge Köpfe mit Idealen, Visionen und Potenzialen zusammenfinden, um diesen Traum Wirklichkeit werden zu lassen. Diese Hoffnung ist unser einziger Trumpf.

Vielleicht gelingt es, den Kampf der Tüchtigen gegen die Trägen zu gewinnen. Wenn wir heute bereit sind, für eine lebenswerte Zukunft aktiv zu werden, haben wir vielleicht eine Chance der Apokalypse zu entgehen. Ich setze dabei auf das Prekariat. Ich sehe in ihm eine intellektuelle Avantgarde, die, weil sie nur Besitzende (also keine Kapitaleigentümer*innnen) sind, nicht viel zu verlieren haben. Zum Prekariat gehören zweifelsfrei auch Arbeiter*innen, aber auch Angestellte und Freiberufler*innen, ja auch Unternehmer*innen. All jene, die in prekären Verhältnissen ohne Zukunftssicherheit arbeiten und leben. Eine historische Mission werde ich dem Prekariat nicht andichten – bestenfalls eine historische Chance. Es ist ihnen nicht vorbestimmt zu siegen – es ist ihnen aber aus vollem Herzen zu wünschen.

Sie, die irgendwo zwischen Unter- und Mittelschicht schweben, besitzen etwas, was den Ärmsten der Armen oft fehlt. In den reichen Ländern fehlt den Armen oft die Sehnsucht und der Mut, Gesellschaft selbst aktiv umzugestalten. Sie sehnen sich eher nach einem bedingungslosen Grundeinkommen, das ihnen der Staat bezahlen soll. Wegen dieser Sehnsucht werden sie nicht gegen diesen Staat zu Felde ziehen. In den armen Ländern fehlt den Armen schlichtweg die Zeit zum Planen und Organisieren, weil ihr Überlebenskampf all ihre Zeit frisst.

Die schrumpfende Mittelschicht hingegen ist oft viel zu sehr um Besitzstandswahrung bemüht, als dass sie ihre Ressourcen mutig in die Waagschale werfen würde. Sie ist größtenteils blind dafür, dass ihr Wohlstand eher durch die Ober- als die Unterschicht bedroht ist. Sie vertrauen noch immer zu sehr darauf, dass die herrschenden Eliten es schon richten werden. Denn ihre durchaus engagierten Proteste, Forderungen und Erwartungen richten sich stets genau an diese Eliten. Wenn sie der herrschenden Ordnungsmacht bei aller Kritik nicht vertrauen würden, müssten sie diesen Eliten den Kampf ansagen. Doch das würde die Ordnung bedrohen, die ihren eigenen Wohlstand vermeintlich sichert. Zudem ist die Mittelschicht zerrissen von der Sehnsucht, in die Oberschicht aufzusteigen und der Angst in die Unterschicht hinabzusinken. Je mehr Kapitaleigentum sie bereits ihr Eigen nennen, desto hartnäckiger werden sie dieses System verteidigen.

Zwischen Solidarität und Besitzstandswahrung hin und her gerissen, sehen wir nicht, dass der Kapitalismus insgesamt ein einziges Spielkasino ist. Zwar leben wohl nur wenige mit der Hoffnung das große Los zu ziehen – das Ticket zum Eintritt in die Oberschicht –, doch sind viele blind dafür, dass letztlich immer die Spielbank gewinnt. Wir alle zahlen für die Gewinne einiger Weniger, in der unsinnigen Hoffnung, selbst irgendwann zu den Gewinner*innen zu gehören. Vor allem aber zahlen wir alle für die Gewinne der Bank, d. h. für die Gewinne der Klasse der Kapitaleigentümer*innen.

Die Hoffnung, vom Tellerwäscher zum Millionär aufzusteigen, hindert Milliarden Tellerwäscher*innen daran, das Spielkasino zu verlassen und die Spielbank zu zertrümmern. Diese Hoffnung – entgegen aller statistischen Wahrscheinlichkeit – selbst einmal das große Los zu ziehen, diese tödliche Hoffnung, ist tatsächlich das letzte Übel aus der Büchse der Pandora.

Wer in dieses Spielkasino namens Kapitalismus hineingeboren wurde, kann sich eine Welt außerhalb – mit anderen Regeln – schwerlich vorstellen. Gerade weil das komplexe Regelwerk des Kapitalismus so schlecht funktioniert und zugleich doch so faszinierende Technik hervorgebracht hat, fehlen Mut und Vertrauen, ein anderes Regelwerk auch nur zu denken, geschweige denn errichten zu wollen. Zwar wollen wir aus den Zwängen dieses Systems aussteigen, sehen aber keine Auswege, sondern nur Nischen, die dieses System bietet. Auch fürchten wir – zu Recht – die Mühen, Unsicherheiten und Risiken, die ein Systemwechsel mit sich bringt. Und noch etwas hindert uns vielfach, Neues zu denken und zu wagen. Wir wollen unser Gesicht nicht verlieren. Angst vor Gesichtsverlust lässt uns zuweilen an unsinnigen Ansichten oder Verhaltensweisen festhalten. Es fällt uns schwer, zuzugeben, dass wir uns geirrt haben. Insbesondere wenn sich viele mit uns irren.

Wir glauben an Schwarmintelligenz, ohne zu sehen, dass das nur eine Variante des Herdentriebes ist. Die Masse hat nie Recht, weil sie die Masse ist, sondern bestenfalls, weil die Prozesse, die zur Meinungsbildung führen, genügend Fehlerkorrekturen erzwingen, um eine Fehlorientierung zu verhindern. Doch für eine ausreichende Fehlerkorrektur fehlt uns die Streitkultur bzw. eine Kultur des Zusammen-Denkens. Es geht uns wie den Blinden, die einen Elefanten an sehr unterschiedlichen Stellen abtasten und dadurch sehr unterschiedliche Vorstellungen von diesem Wesen bekommen. Solange sie einander nicht vertrauen und ihre sehr unterschiedlichen Erfahrungen zu einem stimmigen Gesamtbild zusammensetzen, werden sie einander für Idioten halten. Sie werden nicht kooperieren, sondern einander bekämpfen und wegen eines fehlenden stimmigen Gesamtbildes unsinnig agieren. Solange wir eher nach Unterschieden als nach Gemeinsamkeiten suchen, wird die Teile-und-Herrsche-Politik greifen. Derart zersplittert werden all unsere Proteste wirkungslos bleiben.

Uns geht es wie den Blinden. Uns fehlt eine Diskussionskultur, die nach Gemeinsamkeiten statt nach Unterschieden sucht. Uns fehlt die Bereitschaft über Ursachen und Lösungen zu reden, statt immer nur über Probleme. Natürlich ist letzteres einfacher. Alle können aus dem Stand etwas dazu beitragen. Über Ursachen und Lösungen nachzudenken, erfordert tieferes Eindringen in ein Thema.

Und doch – allem besseren Wissen zum Trotz – noch haben wir die Chance uns neu zu orientieren, zu organisieren, zu protestieren, zu planen und zu gestalten. Noch können wir die Geburt einer neuen Gesellschaft im Schoß der alten vorbereiten. Schon Marx wusste: Erwächst der Aufstand gegen das bestehende System aus Verelendung, nimmt er zwangsläufig die Gestalt von Grobheit, Gewalt, ja Barbarei an. Je eher es zu einer revolutionären Umgestaltung kommt, gewissermaßen noch mit Sicherheitsabstand zum besinnungslos tobenden Zorn, desto besser für alle.[37] Es ist nicht klar, wieviel Sicherheitsabstand uns bleibt.

Sicher ist nur, es ist höchste Zeit zu handeln. Dazu brauchen wir unabhängige, kreative Köpfe; Köpfe, die auch über das nötige technische Wissen verfügen. Wer in den dunklen Sphären der Computerwelt – in der Hackerszene – zu Hause ist, hat schon mal von schwarzen und weißen Rittern gehört. Diese Begriffe sind in dreifacher Hinsicht zu verwerfen. Erstens ist die Computerwelt längst keine frauenfreie Sphäre mehr. Zweitens ist es höchste Zeit, die Assoziationsbrücken zwischen schwarz und böse sowie weiß und gut abzubrechen. Drittens können wir das Entwickeln von Zukunftsperspektiven schlecht Rittern oder Ritterinnen überlassen. Um neue Regelwerke zu implementieren, sind Leute gesucht, die diese diskutieren wollen und programmieren können. Kurz und gut: unsere Welt braucht Menschen, die zieloffen und doch lösungsorientiert den Mut haben einen neuen Gesellschaftsvertrag zu diskutieren. Es sind Menschen gesucht, die es uns allen ermöglichen, neue Regelwerke zu testen. Es sind dringend Menschen gesucht, die Engagement mit notwendigem Wissen verbinden, um Geld als Tauschmittel neu zu denken und im doppelten Wortsinn neu zu programmieren. Gregor Gysi schreibt: „Wir leben in einem Krisenkapitalismus. Auswege müssen dringend gesucht werden. Auswege, die wieder Wege sind, nicht mehr nur Notausgänge und letzte Ausfahrten in die nächste Krise."[38] Ich stimme ihm voll und ganz zu.

Ich widme dieses Buch allen jungen Menschen, die an Freitagen für ihre Zukunft kämpfen und hoffe, dass für sie eines Tages wieder an allen Wochentagen Zukunft existiert.

8.   Danksagung

Ich danke meiner Schwester Gamilah, fürs Korrekturlesen und dafür, dass sie mir geholfen hat, mich möglichst klar und einfach auszudrücken.

Ich danke der Regisseurin Carmen Losmann für die produktive Zusammenarbeit und die vielen guten Kommentare und Anregungen.

9.   Quellenangaben

Bendixen, Friedrich: Geld und Kapital. Gesammelte Aufsätze. (2. überarb. Auflage) G. Fischer – Jena: 1920

Bloch, Ernst: Naturrecht und menschliche Würde. Suhrkamp – Frankfurt am Main: 1972

Cabaud, Jacques: Simone Weil. Verlag Karl Alber – München: 1968

Candrian, Dominique: Karl Marx – Ein dialektischer Eulenspiegel in der Geldtheorie. Sein Ringen um die Erfassung des Geldwesens. Deutscher Universitätsverlag – Wiesbaden: 1994

Dürmeier, Thomas; Egan-Krüger, Tanja von; Peukert, Helge (Hrsg.): Die Scheuklappen der Wirtschaftswissenschaften. Postautistische Ökonomik für eine pluralistische Wirtschaftslehre. Metropolis – Marburg: 2006

Gesell, Silvio: Gesammelte Werke. Band 11. 1920. Die Natürliche Wirtschaftsordnung durch Freiland und Freigeld. (4. überarb. Aufl.) Gauke Verlag – Lütjenburg: 1991

Gysi, Gregor: Marx und wir. Warum wir eine neue Gesellschaftsidee brauchen. Aufbau – Berlin: 2018

Haun, Xenia: Geld regiert die Welt. Ursel Horn Verlag – Berlin: 1989

Heinsohn, Gunnar; **Steiger**, Otto: Eigentum, Zins und Geld. Ungelöste Rätsel der Wirtschaftswissenschaft. Rowohlt – Reinbek bei Hamburg: 1996

Kenawi, Samirah: Falschgeld – Die Herrschaft des Nichts über die Wirklichkeit. EWK-Verlag – Kühbach-Unterbernbach: 2009

Knapp, Georg Friedrich; Bendixen, Friedrich: Zur staatlichen Theorie des Geldes – Ein Briefwechsel, 1905-1920. Herausgegeben von Kurt Singer. Kyklos – Basel; Mohr – Tübingen: 1958

Luxemburg, Rosa: Die Akkumulation des Kapitals. In: Gesammelte Werke, Band 5. Dietz Verlag – Berlin: 1985

Marx, Karl: Das Kapital – 2. und 3. Band. Dietz Verlag – Berlin: 1951

Rathenau, Walther: Von kommenden Dingen. (72. Aufl.) Fischer – Berlin: o.J.

Russell, Bertrand: Die Philosophie des Abendlandes. Ihr Zusammenhang mit der politischen und der sozialen Entwicklung (7. Aufl.) Europaverlag – München, Wien: 1997

Strubenhoff, Heinz Wilhelm: Probleme des Übergangs von der Handhacke zum Pflug. Eine ökonomische Analyse der Einführung der tierischen Anspannung in Ackerbausystemen Togos. Wissenschaftsverlag Vauk – Kiel: 1988

Wagenknecht, Sahra: Reichtum ohne Gier. Wie wir uns vor dem Kapitalismus retten. Campus – Frankfurt am Main/New York: 2018

Wesel, Uwe: Geschichte des Rechts. Von den Frühformen bis zum Vertrag von Maastricht. Beck – München: 1997

Weiguny, Bettina: Bionade. Eine Limo verändert die Welt. Eichborn – Frankfurt am Main: 2009

Zarlenga, Stephan: Der Mythos vom Geld – die Geschichte der Macht. Vom Tauschhandel zum Euro: eine Geschichte des Geldes und der Währungen. Conzett – Zürich: 1999

10. Zusätzliche Leseempfehlungen

Viele Hintergrundinformationen finden sich als Texte oder Filme im Internet. Bücher haben ihre eigene Magie. Lesen erlaubt, sich intensiv mit neuen Ideen auseinander zu setzen.

Da die hier aufgeführten Bücher meist nur antiquarisch oder in Bibliotheken verfügbar sind, verzichte ich auf Angaben zu Verlag und Erscheinungsjahr. Zur antiquarischen Suche empfehle ich https://kvk.bibliothek.kit.edu.

Mehr zu Kreisläufen

Ich teile Grimmels Ideen zur Anthroposphäre und zum Geldkreislauf nicht, wie dieses Buch zeigt. Abgesehen von Kapitel 7 finde ich das Buch jedoch bereichernd.

Grimmel, Eckhard: Kreisläufe der Erde. Eine Einführung in die Geographie

Mehr zur Eigentumsfrage

Däubler, Wolfgang; Sieling-Wendeling, Ulrike; Welkoborsky, Horst: Die Entwicklung des Eigentumsbegriffs im Kapitalismus

Proudhon, Pierre Joseph: Was ist das Eigentum? Erste Denkschrift

Mehr zur Marxkritik

Salvioli, Joseph: Der Kapitalismus im Altertum. Studien über die römische Wirtschaftsgeschichte

Weil, Simone: Unterdrückung und Freiheit – Politische Schriften

Mehr zur Geschlechterfrage

Badinter, Elisabeth: XY Die Identität des Mannes

Waal, Frans de: Wilde Diplomaten. Versöhnung und Entspannungspolitik bei Affen und Menschen

Mehr zur Geldtheorie

Argentarius: Vom Gelde. Briefe eines Bankdirektors an seinen Sohn

Bendixen, Friedrich: Das Wesen des Geldes. Zugleich ein Beitrag zur Reform der Reichsbankgesetzgebung

Braudel, Fernand: Die Dynamik des Kapitalismus

Dopsch, Alfons: Naturalwirtschaft und Geldwirtschaft in der Weltgeschichte

Einert, Carl: Das Wechselrecht nach dem Bedürfniß des Wechselgeschäfts im neunzehnten Jahrhundert

Gmür, Max: Schweizerische Bauernmarken und Holzurkunden

Jäger, Ernst Ludwig: Die ältesten Banken und der Ursprung des Wechsels. Mit einem Anhange betreffend die ältesten Statuten der Bank des heiligen Ambrosius zu Mailand

Le Goff, Jacques: Geld im Mittelalter

Le Goff, Jacques: Kaufleute und Bankiers im Mittelalter

Moser, Thomas: Die patristische Zinslehre und ihre Ursprünge: Vom Zinsgebot zum Wucherverbot

Pannwitz, Kurt von: Die Entstehung der Allgemeinen Deutschen Wechselordnung. Ein Beitrag zur Geschichte der Vereinheitlichung des deutschen Zivilrechts im 19. Jahrhundert

Pohl, Hans (Hrsg.): Geschichte der deutschen Kreditwirtschaft seit 1945 – Institut für bankhistorische Forschung

Pohl, Manfred: Die Entwicklung des deutschen Bankwesens zwischen 1848 und 1870. In: Deutsche Bankengeschichte. Band 2

Vogtmann, Markus: Geld, Kredit und Zins. Eine kreislaufanalytische Betrachtung

11. Anmerkungen

[1] zitiert nach Cabaud, S. 77

[2] zitiert nach Cabaud, S. 88-89

[3] Zarlenga, S. 124

[4] oder siehe Kenawi, Kapitel 18.2

[5] Knapp/Bendixen, S. 64

[6] Bendixen, S. 50

[7] Die Erfolgsgeschichte hat Bettina Weiguny 2009 veröffentlicht.
2012 musste das Unternehmen schließlich doch verkaufen, siehe https://www.focus.de/finanzen/news/unternehmen/bio-limonade-bionade-gruender-verkaufen-komplett-an-radeberger_aid_709267.html

[8] zitiert nach Russell, S. 696

[9] Die Bibel: 1. Buch Moses, 4, 12

[10] ebenda, 4, 15

[11] vgl. Heinsohn/Steiger, S. 106ff.

[12] nachfolgend zitiert aus Rathenau, S. 137

[13] Rathenau, S. 137-138

[14] vgl. Wesel, 4.-6. Kapitel, vor allem S. 55/56, S. 61/62

[15] ebenda, S. 73

[16] Die Bibel: 1. Buch Moses, 47, 13-26

[17] Wesel, S. 82

[18] ebenda, S. 85

[19] ebenda, S. 82

[20] ebenda

[21] ebenda, S. 152

[22] Bloch, S. 12f.

[23] Sapir, Jacques: Sieben Thesen zu einer Theorie der realistischen Ökonomik, S. 270
In: Dürmeier, Thomas et al.

[24] Russell, S. 61

[25] Schumacher, Joachim: Die Angst vor dem Chaos. (Dialog im Ruhrort) 1937
zitiert nach: Haun, S. 7

[26] Marx (2. Band): 17. Die Zirkulation des Mehrwerts, S. 331

[27] Luxemburg, S. 122

[28] Marx (3. Band): 23. Zins und Unternehmergewinn, S. 415

[29] ebenda, S. 417

[30] ebenda, Marx verwendet diesen Begriff in diesem Kapitel an anderer Stelle, siehe S. 408 und 409

[31] Candrian, S. 5

[32] Marx (3. Band): 25. Kredit und fiktives Kapital, S. 436

[33] ebenda, S. 440

[34] ebenda, S. 441

[35] Gesell, S. 319-324 (Robinsonade, als Prüfstein für diese Theorie)

[36] vgl. u.a. Strubenhoff

[37] frei zitiert nach Gysi, S. 101

[38] Gysi, S. 81

Die Quadratur des Geldes – Eine Tetralogie

1. Teil
Manifest für das 22. Jahrhundert – Moneyfest for future
In diesem Buch werden Zusammenhänge zwischen ökologischen Kreisläufen und dem Geldkreislauf skizziert. Es wird gezeigt, warum im heutigen Geldsystem soziale und ökologische Konflikte nicht gelöst werden können, sondern zunehmen.

2. Teil
Geschichte des Geldes – Verpflichtung versus Verschuldung
David Graeber sieht in Schulden eine Ursache für Kriege. Doch Schulden werden auch Verbindlichkeiten genannt. Tatsächlich können Schulden eine soziale Gemeinschaft auch zusammen halten, statt sprengen. Dieses Buch geht den Unterschieden von Geschenkwirtschaft, Tauschwirtschaft und Geldwirtschaft nach und wirft auch einen Blick auf das Kerbholzsystem. Es rekonstruiert die Entstehung, Entwicklung und Veränderungen des Geldes vom prähistorischen Tauschhandel bis zum heutigen Kreditgeld.

3. Teil
Das kapitalistische Geldsystem – Entwirrte Krisendynamik
Ulrike Herrmann sieht nicht im Kreditgeld, sondern in den einst hohen Löhnen in England die Ursache der Entstehung des Kapitalismus. Tatsächlich gab es im Altertum neben Vollgeld aus freier Münzprägung auch Schuldscheine. Doch erst das moderne 100-prozentige Kreditgeld erzeugt die kapitalistische Dynamik. Das Buch entwirrt die Abhängigkeiten der Geldversorgung der Wirtschaft von Kreditaufnahme und Profiterwartung, sowie die Geheimnisse der Finanzprodukte.

4. Teil
Vorschlag für eine Geldreform – Grundprinzipien und Regeln
Hier werden keine Luftschlösser gebaut, die an die Vernunft und den guten Willen der Menschen appellieren. Hier werden Regelwerke vorgestellt, die selbstregulierende wirtschaftliche Systeme ermöglichen. Die Regeln werden aufbauend auf der Analyse der vorangegangenen Teile der Tetralogie entwickelt. Die Quadratur des Geldes kann gelingen. Denn Geld ist keine vorgegebene, sondern eine menschengemachte Struktur.